U0491078

好妈妈共读有办法

# 亲子阅读三十讲

余雷 著

浙江少年儿童出版社·杭州

# 目 录

01 一书一世界：亲子共读选书指南 /1

02 共读视角：给妈妈们的共读建议 /5

03 阅读有技巧：培养写作思维力 /9

04 阅读与积累 /13

05 复述有方法：熟悉文章的结构和形态 /17

06 文章的顺序——"后来"是个神奇的词 /21

07 分角色讲述：学习对话 /25

08 表达的条理性：给爸爸妈妈讲个故事 /29

09 说一说，你会怎么做 /33

10 观察不只是用眼睛看 /36

11 观察与联想：什么像什么 /40

12 观察与思考：这是什么 /44

13 观察与发现：什么是什么 /47

14 挖掘记忆库：小时候的故事 /51

| 15 空间认知：读一读，画一画 /54 | 23 学会记一件事：事件要素和发生的先后顺序 /79 |
| 16 多角度思考：不同的角度，不同的立场 /57 | 24 学会记一件事：事件的详略安排 /82 |
| 17 分析与判断：好事还是坏事 /60 | 25 出人意料的结局：凤头、猪肚和豹尾 /85 |
| 18 分析与比较：相同与不同 /64 | 26 如何写一个人：写出他的模样 /88 |
| 19 故事的逻辑关系：无巧不成书 /67 | 27 如何写一个人：让他动起来 /91 |
| 20 与众不同有创意 /70 | 28 如何写一个人：看，写的就是他 /95 |
| 21 综合能力训练 /73 | 29 好故事要一波三折 /98 |
| 22 从日记开始写作：每一天都值得记录 /76 | 30 综合训练 /101 |

## 01　一书一世界：亲子共读选书指南

大家好！我是余雷老师。很高兴大家能看到我的"亲子共读有技巧，读出写作思维力"的课程。

在这个课程里，每次课我会先讲一个童话故事，然后和大家分享如何用这个故事训练孩子的阅读能力和写作思维能力，以及如何在绘本阅读中运用这种阅读方法。

有一段话大家都很熟悉，那就是"你或许拥有无限财富，一箱箱珠宝和一柜柜的黄金，但你永远不会比我富有，我有一位读书给我听的妈妈"。这段话是史斯克兰·吉利兰在《阅读的妈妈》里说的，它影响了很多妈妈。我们看到，越来越多的妈妈愿意和孩子"亲子共读"，因为这样的方式不仅增加了家长和孩子之间交流沟通的机会，还激发了孩子对于书本的喜爱和兴趣，培养了阅读习惯。

但如果我们的亲子共读仅停留在这个阶段，只是家长和孩子一起读，未免有些可惜。如果家长能够掌握一些阅读技巧，那么这段温馨的陪伴，还能培养孩子的学习习惯、表达能力和思维能力等。这个课程的重点是，在阅读中培养孩子的写作思维能力。

　　作文是许多家长和孩子头疼的一个问题。不少孩子要么不知道写什么，要么不知道怎么写。不会写作文的根本原因，一是阅读量不够，二是孩子缺乏逻辑思维的训练。如果没有观察、思考、发现和表达的能力，孩子的作文是写不好的。这些能力的欠缺，当下会影响孩子各科学习的进步，未来将影响孩子的整体发展。这是因为写作活动并不仅仅是一种技巧，还是一种创造性的活动。写作能力强的人，通常创造力也不会弱。

　　如何在亲子共读中让孩子获得写作思维能力的训练，就是这个课程的重点。

　　做法很简单，主要是三个步骤：读一读，聊一聊，写一写。课程中提到的阅读方法大家在平时的阅读中也可以运用。

　　读一读，可以读书，也可以讲故事。为了便于家长引导孩子阅读，课程分为故事部分和讲解部分。在课程中，会先让大家阅读一个故事，然后再来聊一聊，写一写。家长可以和孩子一起阅读故事，然后再来学习具体的技巧引导部分，课后，还可以通过我推荐的其他故事书，和孩子进行举一反三的练习，达到最佳的效果。这节课，我们先阅读小狗阿福系列故事中的《妈妈的生日》。

熟悉了这个故事之后，我们来说一说它有趣的地方。

很多家长和孩子聊书时，会问这样的问题：这个故事告诉了我们什么？从这个故事里你学到了什么？这些问题好像很重要，但是，它们对孩子阅读兴趣的培养和阅读习惯的养成不一定有帮助。

读完这个故事，家长和孩子可以聊一聊一些有趣的话题。比如：小狗们准备怎么给妈妈过生日？阿福为什么没有去请邻居？你过生日的时候做了哪些事？你给妈妈过过生日吗？读完这本书，你想到了哪本书？……

这些话题不仅可以让家长和孩子都有话可说，而且对孩子的思维能力的培养也有帮助。

"小狗们准备怎么给妈妈过生日"这个问题是对故事情节的回顾，可以培养孩子的归纳能力。"阿福为什么没有去请邻居"这个问题培养的是孩子的分析能力。"你过生日的时候做了哪些事""你给妈妈过过生日吗"这两个问题在调动孩子的生活经验和积累。"读完这本书，你想到了哪本书"这个问题是在调动孩子的阅读经验，学习分析和比较。家长也可以借机把相同主题或同一作家的作品介绍给孩子。比如读完这个故事之后，就可以把生日主题的绘本，如《汤姆的生日》《比尔过生日》《鼠小弟的生日》《米菲过生日》等，介绍给孩子。

这几本绘本都用童话的方式讲述幼儿过生日的情景，语言简洁，条理清晰。读完《汤姆的生日》后，我们可以用《妈妈的生日》的阅读方式和孩子聊一聊：先梳理一下"汤姆过生日这一天做了什么""汤姆的小妹妹做了什么""妈妈做了什么""朋友们到汤姆家以后做了什么""谁从远方来了"等问题；然后让孩子说一说自己过生日时的情景，生日那天最高兴的事或是最不开心的事。

这样聊一本书，不仅让孩子熟悉了故事，还培养了孩子阅读和思维的能力。有家长可能会问，每一本书都能这么聊吗？当然不是，我们需要选择适合亲子共读的图书。

那么，选择的标准是什么呢？

首先，故事主题得是家长和孩子都有兴趣的，要尽可能选择"我们"想读的书，才能够有共同话题，能交流，最终达到亲子共读的目的。

其次，选择和孩子阅读水平相当的图书，也就是孩子能够理解和接受的作品，才能激发孩子的阅读兴趣。

最后，这个故事讲完之后，要有很多共同的话题可以讨论，这是最重要的一点。

讨论完了之后呢？当然是可以学着写一写。关于写一写，我们在后面的课程中会陆续讲到。

下一节，我们要讲一讲亲子共读的视角和建议。

## 02　共读视角：给妈妈们的共读建议

在上一节中，我们讲到了选择亲子共读图书的一些标准。这个标准我们可以说得更详细一些。

第一，尽量选择能同时满足家长和孩子趣味与要求的书。很多家长在为孩子选书的时候，通常会选择自己想读的和自己觉得孩子应该读的。这种方式没有考虑儿童阅读的特点，很多时候会适得其反，让孩子失去了阅读的兴趣。但一味顺从孩子的要求去挑选图书，也是一种不负责任的做法。孩子的阅读经验和生活经验有限，他们的阅读趣味和判断能力需要家长引导，不能只是迁就和满足他们。

第二，选择的图书要适合儿童的阅读水平。很多家长认为，孩子的阅读时间有限，应当尽可能地阅读经典的、厚重的作品，但如果孩子没有阅读兴趣，没有养成阅读习惯就开始阅读这类作品，结果很可能会适得其反。

"什么年龄读什么书"所指的年龄段其实并没有很细致的划分。打个比方，妈妈去给六岁的孩子买鞋，绝对不会请售货员拿一双一定是六岁孩子穿的鞋，而是要根据孩子的实际情况选择。选择图书也是相同的道理，年龄只是一个参照系数，不是绝对的标准。

第三，选择应当多样化，不局限于某一类图书。儿童阅读需要有文学的滋养，但也需要学习和掌握知识。因此，亲子共读的图书选择应该多样化，知识类、科普类、文学类作品都可以涉猎。

选好书以后，就可以阅读了。从这一节开始，我们会介绍一些关于阅读的要求和技巧。

先请大家阅读小狗阿福系列故事中的《等待秋天》。和孩子熟悉了这个故事之后，我们可以聊一聊这个故事有趣的地方，也可以聊一聊和秋天有关的话题。

有的小朋友觉得阿福等秋天很有趣，有的孩子会觉得大家一起等秋天很有趣，还有的孩子也想吃玉米粒和苹果。他们有的会说，最喜欢写食物的书，这样的书可以读很多遍。当然，和孩子聊这个故事，一定要让孩子说一说他们知道的秋天。

和秋天有关的绘本有很多，《阿嚏，大熊，阿嚏！》《风中的树叶》《一片叶子落下来》《十四只老鼠的秋天进行曲》《来吧，我们一起发现秋天》等，都适合用上面的方式阅读。比如，《来吧，我们一起发现秋天》就提供了很多秋天的体验，孩子在阅读的过程中跟随尤莉娅和卢卡斯一起发现秋天。家长可以联系平时孩子的生活经验来讨论，比如你们一起看到了什么，发现了什么，尽量让孩子把自己的经验和书里的内容相对照。这个方法是亲子共读中非常重要的步骤，让孩子将自己的生活经验和作品联系在一起，才能真正让阅读的内容与孩子产生联系，才能真正对孩子的精神成长有帮助。

有的妈妈很担心：我的孩子一本书读了很多遍，这样的读书方法是不是不好？其实，这种读书方法是符合孩子心理发展的。反复读一本熟悉的书，有助于巩固孩子在书里获得的经验。他们在接触熟悉的内容时，因为知道了故事的走向，更容易获得成就感。更重要的是，孩子在多次阅读后，会将熟悉的故事情节或细节带入生活中，也就是我们说的潜移默化。一本书读完后似乎看不到这本书在这个孩子身上的表现，但日积月累，孩子就会"腹有诗书气自华"。

亲子共读通常有这样一些建议：

一、保证阅读时间

家长和孩子可以每天找一个固定的时间段来阅读，早晨、晚饭后、睡觉前都可以。在这个时间段里，随机拿起一本书开始读。具体时间根据情况设定。

二、选择阅读地点

家里最好给孩子准备一个安静、温馨的区域。这个区域可以放置孩子

喜欢的书和玩具，作为亲子共读的地方；也可以作为孩子的安静角，情绪需要控制的时候让孩子独自待在那里，孩子喜欢的书也有稳定情绪的作用。家里也可以多地点放置图书，让孩子随手可以翻看。

三、灵活选择阅读方式

（一）尽量完整讲述故事，中间不提问和打断，让孩子对故事有完整的了解，同时培养专注力。

（二）和孩子交流时要互相提问，并且不直接给出答案，这样可以让孩子学会提问，培养他们的思维能力，引导其调动原有的经验，学会积累、归纳和推理。

（三）不灌输知识点，尽量帮助孩子整合信息，找出事物的因果关系。

（四）具体的阅读方式有：大声读、持续默读、分角色朗读和表演等，这些方式都可以尝试。

孩子们最喜欢的阅读方式，就是选择一本可以大声读的书。家长和孩子可以分角色朗读，读的时候家长不用太多提示人物个性，只要语气有所区分，就可以让孩子对人物的性格行为等有更好的理解。

读完故事的你们，现在是不是就想试一试分角色朗读了？拿起一本喜欢的书，试着练一练吧。

下一节，我们谈一谈怎样在阅读中培养孩子的写作思维能力。

## 03　阅读有技巧：培养写作思维力

上一节简单介绍了一些共读的方式，提到亲子共读的时间和地点，以及阅读的方式。其实，亲子共读还有一些更具体的方式，这些方式因为阅读目的的不同而不同。有的阅读是为了增长知识，有的阅读是为了消遣娱乐，还有的阅读是为了了解信息，阅读的目的不一样，阅读的方式也有所不同。最简单的区分方法就是精读和泛读。当我们需要积累知识点的时候，通常要精读，而如果只是消遣性阅读，那就可以泛读。

在这里，我想讲的是如何培养和发展孩子的写作思维能力，并且给出一些有针对性的方法。

写作思维能力是写作能力中很重要的一种能力，决定着作者怎样选择写作的材料，如何将这些材料进行逻辑推理、归纳总结并得出结论，如何利用材料表达自己的情感，等等。简单来说，就是写作的几个重要的步骤，如获得灵感、收集材料、构思布局、完成写作等都需要依靠思维能力来完成。

如何在阅读中培养孩子的写作思维能力呢？先请大家阅读小狗阿福系列故事中的《一个桃子长大了》。

和孩子一起熟悉了故事之后，从这个故事里，我们可以怎么学习写作呢？

我们要先了解，阅读和写作是两个反向的思维活动。阅读是从文字中进行归纳和判断，读出作者的观点和情感。写作是用文字抒发和表达作者的观点和情感。写作对于思维的训练是最有效的。写作的内容需要用思维能力提炼整理、归纳总结，这一点大家都能理解。而文章的结构，先写什么，再写什么，其实是作者思路的体现，也是思维能力的体现。

亲子共读绘本的时候，有这样几个要素需要讨论：时间，地点，人物，事件的起因、经过和结果，还有就是主题。

我们用《一个桃子长大了》来进行分析，聊一聊这个故事的要素。

时间：春天。

地点：桃林。

事件的起因：桃花请阿福帮忙，于是他们认识了。

事件的经过：阿福给桃花打伞，让她躲过了风雨。阿福看着桃花一点一点变化、长大。

事件的结果：桃花变成了一个桃子。阿福觉得自己不能变成桃子，做一条狗也很不错。

主题：这是一个成长故事，记录了一朵桃花的变化。

这样的讨论方式也可以用在其他绘本的阅读中。比如，《小种子》讲述了一颗种子发芽生长的故事，图片和文字清晰地告诉我们种子是怎么传播、怎么发芽、怎么生长，最后又是怎么凋落的。我们可以用阅读《一个桃子长大了》的方法进行阅读。先找出故事发生的时间、地点，再找出小种子落地、发芽、成长的过程。这个故事虽然是个童话，但具有科学性。

还有一个关于成长的故事是大家熟悉的，即宫西达也的绘本《你看起来好像很好吃》。在这个故事里，小甲龙一天天长大，他希望长得像爸爸一样；霸王龙虽然很爱小甲龙，但还是只能让他回归到自己的族群里。这个故事的起因、经过和结果比较容易归纳，家长可以一边和孩子回忆故事情节，一边准确地找到故事的叙事要素。

聊完之后，我们可以试着写一写。可参照以下这几个步骤——

一、确定主题

写一个长大的故事。

二、选择材料

长大有很多表现，自己身上发生的变化、感受都可以写。对于年龄小的孩子来说，独自完成一个任务是很好的素材，第一次上学、第一次上街买东西、第一次吃冰激凌等都可以写。

三、确定时间、地点、人物

这三要素的确定要遵循规律，不同的季节、不同的地点、不同的人、不同的人物关系都会有不同的表现。阿福遇到桃花的时候是春天，如果在其他季节就不会遇到桃花了。

四、构思事件顺序

先写什么、再写什么并不固定，只要符合事情发展的规律就可以。这个故事是按照时间顺序来写的。这是最基本的写法，容易理解、接受，家长可和孩子一起梳理清楚时间的顺序。

接下来，我们可以试着写一写"第一次做……"，用时间顺序来组织文章。家长可以引导孩子说一说先做了什么，然后做了什么，最后再写下来。

如果在亲子共读的时候能经常一起讨论这些要素，孩子的写作思维能力一定会得到提高。

下一节，我们要讲一讲写作前的准备。

## 04　阅读与积累

　　上一节我们让大家试着写一写自己第一次做某件事，有一个小朋友写得很好玩。他写的是在一个夏天的中午，他在冷饮店买了一只蛋筒冰激凌。看到大家都从上面开始吃，他就想，为什么不能从下面开始吃呢？于是他在蛋筒的下面大大地咬了一口。结果怎么样？当然是所有的冰激凌都从他咬开的那个口子掉到了地上，那个炎热的中午他就没有吃到凉爽的冰激凌。这样好玩的故事总会在身边发生，我们可以试着把它写下来。现在我们通过小狗阿福系列故事中的《美景留言册》，来说说在阅读的过程中积累的重要性。

　　熟悉了这个故事之后，我们来聊一聊具体的操作方法。

　　第一个话题：出门旅游前，阿福的妈妈为大家准备了什么？

　　她为大家准备了色彩鲜艳的衣服，这样，一家人就不会走丢了。

　　第二个话题：为什么不能在旅游景区的建筑物上写写画画？

这是破坏公共财物的行为，当然不能这样做。

这两个话题是想考查孩子对文章的理解能力，下面的话题则是要训练孩子的积累能力。

第三个话题：如果在景区看到有人破坏公物，你会怎么做？

这个话题涉及孩子处理突发事件的能力，家长不一定要孩子做出结论，可以有多种解决方法。

第四个话题：你们出去旅游的时候会做什么准备？

关于这个话题，家长和孩子可以互相补充。家长引导孩子从多个方面考虑，如食物、衣物、必备的药品等。如果去气候和环境特殊的地区，还需要准备特殊的物品，如登山绳、氧气罐等。

这个话题其实不仅可以讨论，更可以在日常生活中体验。如果家里出去旅游的时候能够让孩子一起参与准备，孩子就会积极地思考需要准备什么。由阅读引导孩子对日常生活进行观察和思考，会增加孩子的观察能力、判断能力等。

聊一聊的内容并不局限于书本，我们可以从书本中的内容延伸出去，尽量调动孩子的日常经验和阅读经验，促使他们思考。

第五个话题：聊一聊最近一次出去旅游的故事。如果让你在《美景留言册》里留言，你会写什么呢？

讨论这个话题的时候，家长要引导孩子完整地讲述一个事件，讲清楚事件发生的起因、经过和结果。这些经验很宝贵，它们就是写作素材的来源。

良好的观察能力、记忆能力、思考能力、积累能力和判断能力需要我们在阅读和日常生活中注意积累。

还记得绘本《爷爷一定有办法》吗？约瑟的小毯子变成了外套，变成了背心，变成了领带，变成了手帕，变成了纽扣，最后成了小老鼠一家的坐垫。虽然约瑟失去了最后的纽扣，但是所有发生过的这些事还可以写成一个故事，一个让大家觉得温暖美好的故事。写作就需要这样的积累，不仅要积累词汇，还要积累素材。在阅读中学会积累，在阅读中获得知识，是学习写作的基本要求。

还有一个绘本也很好玩，叫《收集东，收集西》。乌鸦收集亮闪闪的东西，清洁工收集垃圾，月亮收集星星，小溪收集雨水……家长和孩子读完后，可以聊一聊还可以收集什么。

最后提到的这个绘本和我们刚开始讲的故事已经没有什么联系了，但这才是真正的阅读活动的开始。阅读活动是一个系统的工程，不是简单讲述一个故事，而是要把这个故事和孩子的生活经历结合起来，让他们认识世界，认识自我。孩子学会了关注身边的事物，并能够进行积累，他们今后的人生将得到很大的帮助。

我们试着把刚才讨论过的并且准备写在《美景留言册》里的话写下

来，也可以写一写在旅游中的所见所闻。家长可以和孩子先回忆一下，梳理出故事的线索，再一个步骤一个步骤地引导孩子说或写出来。

下一节，我们要讲一讲阅读和表达。

## 05　复述有方法：熟悉文章的结构和形态

很多家长问：什么时候开始训练孩子的写作能力比较好呢？

其实，当家长开始和孩子一起阅读，和孩子一起交谈的时候，写作的训练就已经开始了。这本书就是帮助大家在日常生活和阅读活动中，培养并提高孩子的写作能力。

上几节课里，我们了解了亲子共读的一些必要条件和方法，也提到了写作能力的培养。大家会发现，很多能力不一定是到学校里才能学习到，而是在我们的日常生活中、阅读活动中就已经开始学习了。

比如，我们在阅读的过程中，不仅只是在讲故事，同时也在培养孩子的观察能力、记忆能力、积累能力和推理能力等。这些能力可以在孩子的日常生活中显现，让他们把阅读到的经验和知识运用到生活中。从观察开始，积极思考，对事物做出正确判断，这个过程就是孩子思维能力的体现。

我们的方法很简单，读一读，聊一聊，写一写。

通过小狗阿福系列故事中的《原来生气也很好》，我们来聊一聊复述的方法，帮助孩子熟悉文章的结构。

这个故事我们可以用来训练孩子的复述能力。复述故事不仅可以训练孩子的语言表达能力，也能训练他们熟悉故事的结构和事件发展的逻辑。

第一个话题：故事里出现了几个人物？

阿福、妈妈、爸爸、青蛙呱呱、小公鸡喔喔、阿黑和阿白。

故事是围绕阿福进行的，所以阿福是这个故事的主人公。

第二个话题：阿福为什么要着急出门去？

这个问题很简单，因为她和小伙伴们约好去海滩上玩。

第三个话题：大家怎么玩？

他们每两个一组堆沙塔。

第四个话题：阿福为什么生气了？

因为没有人和她一起堆沙塔。

第五个话题：阿福怎么做？

阿福就在沙滩上画圆圈，让不和她一起玩的人尿床。

第六个话题：阿福遇到了什么事？

大海涨潮，把她困在了礁石上。

第七个话题：谁救了阿福？

爸爸。他告诉阿福，小狗都会游泳。

第八个话题：阿福获救之后的心情怎么样？

阿福说："原来生气也很好。"

第九个话题：为什么阿福说"原来生气也很好"？

阿福笑着说："如果我没有生气，没有画圆圈，圆圈没有被海浪卷走，我没有被困在礁石上，怎么知道大家这么关心我呢？"

好啦，当我们知道了一个故事里有哪些人，做了哪些事，先发生了什么，接着发生了什么之后，我们就可以练习把听到的这个故事复述给别人听了。复述的时候有一个神奇的词语，就是"后来"。我们可以用"后来"把一连串发生的事情联系起来。

复述是一种熟悉文章结构和内容的好方法。孩子经过复述之后，不仅加深了对故事的理解，知道一个故事先写什么，再写什么，最后写什么，还对文章的结构有了更深的印象。对于刚刚接触阅读的低龄孩子，如果用语文教学的方法告诉他一篇文章的段落构成关系，孩子是很难理解的。

有的家长会问：哪些绘本能复述呢？通常，逻辑性强的故事容易复述，相似情节反复出现的故事也容易复述。比如，上一节我们提到的绘本《爷爷一定有办法》就是一个可以复述的故事。约瑟出生的时候有一条小毯子，后来小毯子旧了，被爷爷改成了外套，后来外套被改成了领带……每一次爷爷缝纫的时候，讲述的文字都是一样的："爷爷翻过来，又翻过去……拿起剪刀喀吱、喀吱地剪，再用针飞快地缝进、缝出、缝进、缝出。爷爷说：'这块料子还够做……'"这样重复的情节和语言易于被儿童模仿，可以用来做复述训练。

　　家长可以带着孩子写一写：如果你被困在礁石上，你会怎么做——先做什么，再做什么，最后怎么做。

　　下一节，我们将讲一个神奇的词语，让大家轻松掌握文章的写作顺序。

## 06　文章的顺序——"后来"是个神奇的词

上一节我讲到了一个神奇的词语，它可以让我们轻松掌握文章的顺序安排。这个词就是"后来"。

"后来"怎么用呢？我们还是先读一读小狗阿福系列故事中的《一颗牙齿掉下来》。

我们要讲的那个神奇的词语"后来"，和这个故事有什么关系呢？其实，那个词语不仅和这个故事有关系，和所有的故事都有关系。只要是故事，就和这个词语有关系。

我们听故事的时候是不是经常问：后来呢？后来呢？后来发生的事情，一定和前面的事情是有关系的。这种关系就是我们常说的因果关系。

因果关系最简单的表达就是"因为……，所以……"。举个例子，阿福说："没有了牙齿，我就吃不了饭；吃不了饭，我就会饿死。"

把"因为……，所以……"加进去，就是"因为没有了牙齿，所以我

就吃不了饭。因为吃不了饭，所以我就会饿死"。

如果用"后来"表达，就是"我没有了牙齿，后来，我就吃不了饭。我吃不了饭，后来，我就会饿死"。

我们现在就来聊一聊这个故事和"后来"的关系。从第二个问题开始，我们用"后来"提问。

第一个问题：故事开始的时候发生了什么？

阿黑的牙掉了。

第二个问题：后来呢？

他们想用胶水把牙粘上去。

第三个问题：胶水没用，后来呢？

去找白猫医生。

第四个问题：后来呢？

白猫医生说这很正常，阿黑所有的牙都会掉光。

第五个问题：后来呢？

阿黑吓哭了，很着急地说："没有了牙齿，我就吃不了饭；吃不了饭，我就会饿死。"

第六个问题：后来呢？

白猫医生告诉他，这是换牙，所有小狗的牙齿都会掉光，然后长出新牙。

第七个问题：后来呢？

阿黑回去后给小伙伴们看他没有了哪颗牙，阿福很羡慕。

"后来"这个词语，不仅可以用于这个故事，也可以用来复述前面讲过的故事。你们会发现，只要是好故事，就能用"后来"串联情节。

这是因为世界上所有的事情都是有联系的，没有一件事是无缘无故发生的，每件事的发生都有原因。而每件事的结果，也不会是最后的结果，事情必然还会继续发展。

小学生作文常出现的一个错误是"前后不照应"。什么意思呢？就是前后发生的两件事没有因果关系。如果我们学会用"后来"来连接事件，就可以避免犯这个错误。这是因为在用这个词语的时候，你要进行正确的推理，如果推理不正确，后来发生的事情就不合理了。

有一个绘本很有意思，叫作《母鸡为什么过马路》。如果用"后来"连起来讲，这个故事是这样的：有一天，一只母鸡跑着过马路。后来，因为跑得太急了，把一群奶牛吓得冲上了一座旧桥。后来，那座桥就塌了。后来，奶牛们从桥上掉下去，掉进了一辆正好从桥底下穿过的火车。后来，车厢里的乘客大喊："是不是有人点嫩牛肉了？"车厢里大乱。后来，车厢里有一个要被押送到监狱的小偷趁乱偷偷地溜下火车逃跑了。后来，小偷跑到了树林里，他的包裹被树枝刮破了，掉出了偷来的金表。后来，金表被一只喜鹊看到了，喜鹊叼起金表就飞。后来，后来，后来……好几个后来以后，小偷被警察抓到了。后来，为了庆祝抓到了小偷，大家就去饭店里吃饭。后来，厨师就拿着刀去鸡窝里抓母鸡。后来，母鸡就跑着过马路去逃命……

　　这是一个可以一直循环往下讲的故事，孩子们很喜欢这种故事。这样一环扣一环的故事不仅有趣，还能帮助孩子在熟悉故事之后，理清事情发展的因果关系。

　　你可以试着引导孩子用"后来"来连接一个他喜欢的故事。注意，在用这个词语的时候，一定要试着推理，也就是看看前面发生的事情会不会导致后来的结果。

　　下一节，我们谈一谈如何体会作品的情感。

## 07　分角色讲述：学习对话

在讲亲子共读技巧之前，我们先来读一读小狗阿福系列故事中的《带着妈妈去上学》。

熟悉了这个故事之后，我们可以和孩子聊一聊它有趣的地方。大家觉得，可以带着妈妈去上学吗？当然不可以，因为妈妈有妈妈的事情要做啊。

还记得我们上次讲的那个神奇的词语"后来"吗？我们先复习一下，用"后来"把这个故事的梗概说出来。

春天来了，阿福可以去上学了。后来，她就跟阿黑打听上学要做些什么。后来，她又去问了山羊大婶、黑猪大叔、黄牛伯伯。后来，她担心不能说话、不能吃东西、不能睡觉，就不想去上学了。后来，妈妈跟她聊天以后，她愿意去上学了，但她特别希望能带着妈妈去上学。

经常做这样的练习，不仅可以训练孩子的归纳能力，还可以让他更快速地找出作品的主要线索。

第一个话题：如果要做一件从来没有做过的事，你会做什么准备？这个问题考查的是孩子的日常应变能力。

正确的做法是，提前对这件事进行了解。阿福对上学应该做什么不了解，所以，她就到处打听。当我们对这件事有了基本的了解之后，接下来应该具体分析一下，就不会像阿福一样担心了。

第二个话题：如果你是阿福，你会问大家什么问题呢？

这个话题不仅考查了孩子对故事的理解，还会让孩子学会站在他人的立场上考虑问题。

建议家长在和孩子的一问一答中，尽量把问题和答案都记录下来。这会让孩子更加重视和认真，同时也记录了孩子在对话与思考方面的成长。

一问一答，是基本的对话方式，这对成人来说很简单，但对刚刚开始学习思考的孩子来说，则是必要的训练。童谣当中就有"问答调"，让孩子在一问一答中，了解事物的特点。比如，云南童谣《猜调》中有"什么长长上天，哪样长长海中间"这样的问句，答案是"银河长长上天，莲藕长长海中间"。这样的问答方式能够让孩子在游戏中获得知识。

在阅读中，家长和孩子之间的提问应当是相互的，而不是只有家长考查式的提问。孩子提出问题的过程，就是一个思考的过程。孩子提出的问题的难易程度，表现出的是他对故事认识的深入程度。关于孩子提问的问题，我们之后再仔细讲解。

所有的聊一聊，其实都是对话。在这种对话活动中，不仅可以增加孩子对作品的熟悉程度，还可以让他知道每个问题有什么样的延伸可能。这一点对于阅读量大的孩子表现会更明显。

在阅读活动中，分角色朗读也是一种体会对话写作的方式。家长可以提示孩子一边读一边想，假设自己是作品中的这个人物，自己为什么会这样说话。

我们可以选择一些人物比较多的绘本来做这个练习，比如绘本《今天运气怎么这么好》就很适合。一天，大灰狼乌鲁走进午睡林，看到很多小猪在睡觉。于是，他就去请他的朋友们一起来吃小猪。他去了哇呜家，去了咕鲁鲁家，去了贝罗家。可是，他每次都忙着和朋友一起吃好吃的，忘了告诉他们午睡林里有小猪。这个故事的对话设计得很巧妙，每一次乌鲁刚要说午睡林里有小猪，就被朋友打断了。这种欲擒故纵式的写作方式不仅增加了文章的幽默感，也让读者有了更多阅读的期待，小读者特别希望知道后来会发生什么。这一类绘本有很多，《猜猜我有多爱你》《鳄鱼怕怕牙医怕怕》《逃家小兔》等，都可以用来分角色讲述。

语言描写是表现人物性格的重要方式。对话就是语言描写的一种，孩子们学习说话，学会说话，开始和别人交流，这些实际上都是在练习对话。写作的对话和平时的对话有没有区别呢？当然有，最大的区别就是，平时的聊天可以没有目的，没有中心，但写作的对话要有目的。所以，

**我们可以这样练习——**

先设定说话的人物，然后设定说话的主题，再设计第一个提问，就可以让人物根据这个主题进行讨论了。

家长在引导孩子做这个练习的时候，可以和孩子扮演不同的角色，先说一说，再写下来。识字量少的幼儿不一定要写，只要把话说清楚就可以了。

下一节，我们要继续做表达的训练。

## 08　表达的条理性：给爸爸妈妈讲个故事

表达能力包括口头语言和书面语言的表达，其实就是孩子的语言运用能力。语言能力好的孩子能够很好地表达自己的思想感情，准确地表达自己的意愿。

需要注意的一点是，口头语言表达能力强的孩子并不只是因为掌握了说话技巧，还因为他们的思维能力比较强。他们能够选择适当的词语表达自己的想法，能够选择适当的例子来说服别人，能够判断先说什么、再说什么，能够让自己的话引起别人的重视。

书面语言表达同理，作文写得好的孩子并不是因为掌握了很多写作技巧，而是因为他们具有一定的组织材料的能力。这些孩子对材料的选择有自己的观点，能够熟练运用所掌握的词语和语法规范，并且能够有条理地来表达。

很多家长都认为，书面语言的训练要在有一定的识字量之后才能进行。这个观点是不正确的，因为一个孩子的世界观的形成，和表达自己思想情感的能力，从他能够与他人交流的时候就已经在训练了。孩子常常从我们每天的对话中、从偶尔听到的信息中建立自己的价值观，模仿表达的方式和方法。

有的家长反映，孩子讲话很啰唆，没有重点，常常颠三倒四，前后矛盾，主次不分，这就是缺乏条理性的表现。在阅读中训练孩子的条理性是事半功倍的。我们今天就做一个这样的练习，先请大家阅读小狗阿福系列故事里的《第一次做菜的厨师》。

这个故事并不复杂，线索清晰，节奏明快。用这样的故事来训练孩子的表达能力是很合适的。我们先完成几个前期的准备。

第一个话题：这个故事里有哪几个人物？

有长耳朵老师、阿福、妈妈和店主。

第二个话题：长耳朵老师布置了什么作业？

做一道自己最喜欢的菜。

第三个话题：阿福准备做什么菜？她是怎么准备的？

这些问题能帮助孩子梳理故事的逻辑顺序。弄清楚阿福先做了什么、后做了什么之后，按照这个顺序讲出来的就是一个完整的符合规律的故事。阿福准备做红烧土豆，因为她最喜欢这道菜。她先给自己系上围裙，再去市场买配料，然后按照店主告诉的方法，一样一样放进去。

第四个话题：如果让你做一个菜，你会怎么做？

在上一节中，我们学习了如何写对话，其实就是从不同的人物角度进行表达。有了前几个话题的准备，孩子就可以讲述自己的故事了。因为孩子听过类似的故事，所以讲述的难度不算很大。尤其是有的孩子表达能力原本就很强，做这样的练习对他们来说更容易了。

如果觉得这个故事简单，我们可以增加一点难度。我们让孩子想一想：如果阿福出门的时候被围裙绊倒了，会发生什么？家长也可以先预设结果，最终阿福有没有买到配料，然后让孩子发挥想象力，组织语言，合理地构思出一个故事。

在阅读绘本的时候也可以训练孩子的条理性。比如《生气汤》，就是一本很好的亲子共读绘本。

妈妈看到从学校回来的霍斯很生气，就和他一起做了一锅生气汤。他们对着沸腾的锅子大喊大叫、做鬼脸，最后，霍斯心里的怒气一点点消散了。妈妈做汤的时候有几个步骤，起初是拿出锅，装满水，再放在灶台上，等水开了以后放了一点盐，然后她对着锅子尖叫，还让霍斯也去叫。这几个步骤家长可以带着孩子做一做，增加他们的生活经验。记叙一个事件的顺序，大都是按照生活常识的步骤进行的。同样的绘本还有《石头汤》等。

我们可以按照上述方法试着写一写：怎么做一盘西红柿炒蛋。家长和

孩子不仅可以一起写，还可以一起做这道菜。

下一节，我们要讲一讲写作需要掌握的一些逻辑规律。

## 09　说一说，你会怎么做

在讲亲子共读技巧之前，还是先请大家阅读小狗阿福系列故事中的《太阳是怎么回家的》。

熟悉了这个故事之后，我们可以说一说它有趣的地方。

孩子在学校或幼儿园都会遇到很多好玩的事情，他们回来说起过吗？很多家长说，孩子性格内向，在公共场合不爱说话。这其实不是孩子的缺点，而是由多方面的原因导致的。原因之一就是我们对孩子的表达能力训练不足。

好，我们首先来聊一聊书里的故事。

第一个话题：阿福提出的这个问题，你想过吗？

这个问题我们不仅仅是考查孩子是否想过，而且还要继续问一问：你提出过吗？你是怎么说的？

"怎么说"很重要，有的孩子提问的时候常常问得没头没脑，就是因为语言组织不好，句子表达不完整。家长在和孩子聊一聊的时候，要注意引导孩子表达完整和准确。

第二个话题：天黑以后太阳会怎么回家呢？

无论孩子提到什么方法，家长要注意引导孩子表达的合理性。如果孩子只是说"太阳慢慢走回去"，家长可以引导孩子把句子说完整——"天黑以后，太阳慢慢走回家去"。多次进行这样的训练之后，孩子的表达就会变得丰富且完整。

第三个话题：如果天上没有了太阳会怎么样呢？

这个问题有一个前提，就是天上为什么没有了太阳。我们要先帮助孩子梳理故事中提到的原因，再继续讨论这个问题。对一个问题的持续追问，是在帮助孩子整理事件的因果关系，让他们对事件发生的原因、经过和结果有感性的认识。

家长可以适当补充一些没有阳光对人类生活的影响等知识，但如果孩子不感兴趣也不必强求理解和掌握。聊一聊的目的是让孩子对阅读有兴趣，培养好的阅读习惯，而不是单纯的知识灌输。

第四个话题：你每天是怎么回家的？遇到过什么有趣的事吗？

答案肯定是五花八门的。一个小女孩曾经跟我说，她希望每天可以像仙女一样飞回去。

现在的孩子很少自己回家，基本上都是和家人一起走。如果孩子想不起来有趣的事，家长可以提示曾经在路上遇到过什么，比如一对赶路的母子、一条狼狈的小狗、一辆突然爆胎的汽车、一个卖早餐的小贩，等等。这个话题调动了孩子的生活经验，让他们意识到，每时每刻都有事情发生在我们身边，很多事情被我们记下来就成了我们的经验，写作文的时候就是写作的材料。

一个人的语言表达能力其实是思维能力的体现，让孩子有条理地说一说，不仅是对表达能力的训练，还是对思维能力的训练。因此，家长和孩子聊一聊共读的作品时，尽量要使用规范的语言。

能够训练孩子表达能力的绘本很多，《快把秋天藏起来》就是其中一本。这是一个关于友谊的故事，当兔子知道秋天到来，第一片红叶落下时，他的好朋友刺猬就要去冬眠之后，他想出各种办法把红叶藏起来，并且把红叶染成了绿色。刺猬知道以后并没有生气，而是安慰兔子，春天来的时候他们又可以一起玩了。在刺猬冬眠前，他们一起吃了一顿晚餐，然后刺猬在兔子收集的红叶中开始了冬眠。这是一个很温暖的故事，家长可以先让孩子复述，然后再聊一聊他自己的好朋友。

接着，请孩子写一件可以和朋友或者家人一起做的事。写完后，让孩子把"后来"放进去，看看能不能用"后来"把事情连接起来。

下一节，我们要讲一讲观察的方法。

## 10　观察不只是用眼睛看

上节课，我请孩子写一写自己和朋友或家人一起做的一件事。有个孩子是这样写的："我想知道爸爸小时候是怎么上学的，就去问了爷爷。爷爷的耳朵不好，我问了两遍爸爸小时候是怎么上学的，爷爷才说，爸爸小时候很调皮，经常被老师罚站。爸爸在旁边喊：'没有，没有。'爷爷说：'怎么没有，我就是他的老师。'"

这段话写得怎么样呢？我觉得写得不错，但有一个问题，我们要写的是一起做的一件事，但这段话写的是爸爸小时候上学的故事。所以，偏题了。家长在和孩子一起聊一聊、写一写的时候，一定要紧扣问题。

接下来，我们还是先看看小狗阿福系列故事中的《爸爸小时候最想做的事》。

熟悉了这个故事之后，我们可以通过几个问题，和孩子聊一聊这个故事。

第一个话题：阿福为什么想知道睡觉以后外面是什么样子的？

关于这个问题，故事里没有答案。孩子如果只能回答"她想知道"，家长可以追问"为什么她想知道"。引导孩子了解，这就是阿福的好奇心。

第二个话题：阿福看到了什么？

这个话题不难，我们可以回答，她看到了山、桃花、小路。难点是小河。有的孩子会说有小河，但小河其实是阿福听到的，不是看到的。家长可以提示孩子，我们对外部世界的了解，不一定都是眼睛看到的，还可以是身体的其他器官感受到的。

第三个话题：你看到的夜晚的黑色是什么样的？

建议家长带孩子进行观察，或调动以往野外活动的经验，再和孩子一起讨论这个话题。

夜晚在城市灯光较亮的地方，我们看到的情景和故事里描述的不同。家长可以带孩子在不一样的区域观察和感受，然后进行比较。

指导孩子观察事物的时候必须强调，观察的过程并不只是用眼睛看，比如观察黑夜，我们还要通过对光线的明暗、颜色的深浅进行比较才得出结论。故事里阿福观察得出的结论，是比较之后得出的结果。

观察不只是用眼睛看，它的整个过程是眼睛将我们看到的信息传递给大脑，大脑把新的信息和之前的信息对比之后，做出的判断。为什么有的孩子判断错误，是因为他的头脑中没有相关的信息，因此就不认识这种事物或者这种行为。想要在作文中准确写出事物的特点，我们首先要丰富大脑储备，多阅读，多感受，经常增加新的信息才能对更多的事物做出准确的判断。

第四个话题：如果我们要观察一棵树，可以从哪里入手？

我们可以在不同的季节进行观察，一棵大树春夏秋冬会有不同的颜色和形态。

我们可以将这棵树和旁边的树进行比较，观察两棵树的树种有什么区别，它们的树叶、树干、树种、果实等有什么不一样。

我们可以在一天中不同的时间进行观察，看看这棵树的颜色、光影有什么不同。我们还可以观察这棵树和周围植物、建筑等的关系。

观察事物有很多途径和方法。如果经常做这样的练习，可以让孩子对周围的事物更敏感，能积累较多的经验。

在幼儿的心理发育过程中，有一个时期孩子对细节比较敏感，我们把这一时期叫作细节敏感期。如果家长能够在这一时期帮助幼儿去发现和感受身边的事物，对他们的观察能力的培养会有很大帮助。

有一本绘本叫《第一次自己坐巴士》，它可以帮助孩子提高观察能力。故事是这样的：女孩克拉拉独自坐巴士去外婆家，一路上巴士停靠了很多站，上来下去了很多乘客。这个绘本的文字很简单，但图画里有很多细节。家长可以带着孩子发现小偷，找到女孩换位置的原因，还可以根据地上的垃圾找到扔垃圾的乘客。《母鸡萝丝去散步》也是一本可以训练观察能力的绘本。它绝妙的地方是，图画和文字各讲了一个故事，而两个故事又能完美地结合在一起。家长可以引导孩子仔细观察画面，发现狐狸追捕母鸡，但却每一次都失败的原因和结果。

最后，我们试着选择一种植物，写一篇观察笔记。要写清楚这种植物的名称、种类、形状、颜色等，最重要的是，能找出这种植物与其他植物的区别。

下一节，我们要讲一讲观察和联想的关系。

## 11　观察与联想：什么像什么

在上一节中，我们根据故事《爸爸小时候最想做的事》，简单讲述了什么是观察。观察就是调动原来积累的信息，和新信息进行对比后，得出结论。在以后的课程中我们会讲到，观察的过程其实是一个思考的过程。

今天我们要讲的是观察和联想。想象力是一种很重要的能力，有人说，想象力就是人类愿望的表达。人类世界的进步和想象力有着非常密切的关系。正因为我们有了愿望，才会努力去实现。科学家爱因斯坦说："想象力比知识更重要，因为知识是有限的，而想象力概括着世界上的一切，推动着社会进步，并且是知识进化的源泉。"

联想是想象力的一种，是从一个事物想到与之有联系的另一个事物。联想有很多种方式，比如，我们看到水壶就会想到水，这是相关联想方式；我们看到落叶就会想到大风，这是因果联想方式。还有很多种联想方式，我就不一一介绍了。小狗阿福系列故事中的《云朵星球》，大家都熟悉了吗？现在，我们来聊一聊。

云彩有各种各样的形状，可以让我们尽情想象。这种接触了某种事物之后开始进行的想象就是联想。

第一个话题：云彩有什么特点？

云彩的特点有这些：在天上，有白色的、灰色的，还有金黄色的、粉红色的。有的时候很大，把整个天空都塞满了；有的时候很小，只有细细的一条，各种形状都有。灰色的云会下雨……

第二个话题：为什么呱呱会觉得云彩像一座宫殿？

这个话题讨论的重点是：呱呱观察云彩的形状之后，和自己认识的宫殿的形状进行对比，觉得云彩是一座宫殿。

家长和孩子讨论这个问题的时候，不用告诉孩子必须和自己认识的事物进行比较，而是要引导他们思考，云彩哪里像宫殿。有条件的话还可以让孩子画一画。

做这样的讨论，能够让孩子把某个事物和另一个相似的事物联系起来。这样的联系越多，孩子对外部世界的认识就越丰富，越全面。

第三个话题：你见过什么样的云彩？

这个话题没有标准答案。家长带孩子到户外去的时候，可以引导孩子对外部事物多观察，让他们一边观察，一边联想，并且把看到的和想到的说出来。

当孩子对云彩进行描述的时候，家长可以帮助他们增加一些词汇，比如柔软的、一团一团的、慢悠悠飘过的，等等。

第四个话题：你看到过的最美的云彩像什么？

这个话题是让孩子对比喻这种修辞手法有一个初步的认识，让孩子学会用"……像……"。故事里，阿白说"那朵云像是一个大大的蛋糕"，这是一个比喻句，这样的想象就是在观察的基础上形成的。蛋糕的形状和云彩的相似，这样的想象是在自己观察事物的基础上形成的。

家长们要注意的一点是，孩子的认知有限，不要求他们有令人惊喜的表现，只要掌握这种方法就好。

第五个话题：如果你到了云彩星球，你会做什么？

"如果"是个很有趣的词语，可以让我们异想天开。当这个词语出现的时候，我们就知道，这是在假设一些没有发生的事情可能会发生。比如，假如你变成一棵树，变成一颗星会怎样？这样的话题考验的是想象力。

对于观察和联想的关系，孩子在阅读的过程中会有很多感受。观察和联想是写作活动中重要的组成部分。家长在陪伴孩子阅读的时候，可以多多提问，让他们有更多的奇思妙想。

和云有关的绘本有很多，孩子们比较喜欢的有《云朵面包》《云娃娃》《十朵小云》《明天是什么天气？》等。这些绘本对云彩的描述都非常有想象力。比如，《云娃娃》告诉孩子们，原来各种形状的云彩都是寂寞的云娃娃为自己制作的伙伴。在阅读这些绘本的时候，我们也可以用前面的几个问题和孩子一起讨论，尤其是最后一个问题：如果是你，你会怎么做？这些问题可以让孩子把阅读的经验和日常生活的积累都充分调动起来。

请孩子们发挥想象力，用"如果"造个句子，或者写一段话。

下一节，我们要讲一讲情感的表达。

## 12　观察与思考：这是什么

在讲亲子共读技巧之前，先请大家思考一个问题：我们为什么要写作？

很多人的答案是：表达自己的想法，完成老师的作业，参加考试，等等。

家长现在可以问问你身边的孩子，他们的答案有的很好玩。我曾经问过一个孩子为什么要写作文。他说，他的字很好看，所以他愿意多写一点给大家看，就写了作文。

朱永新先生说，真正的思考是从写作开始的。整个写作活动的过程就是一个思考的过程。我们要思考用什么材料来表达我们的想法，用什么表达方式来抒发我们的情感，怎样才能把一个故事写得引人入胜，感动人心。

其实，对于刚开始学习写作的孩子来说，观察的时候，我们的思考就开始了。我们通过小狗阿福系列故事中的《最干净的教室》来探讨，培养观察与思考能力对孩子的重要性。

我们通过下面几个话题来聊一聊。

第一个话题：阿福为什么愿意打扫教室？

仔细读故事就会发现，阿福愿意打扫教室是因为大家夸奖她，长耳朵老师表扬了她。

第二个话题：为什么大家表扬阿福，她就愿意打扫教室呢？

答案很简单：鼓励很重要啊。家长和孩子聊这个话题，目的是要让孩子找到人物做某件事的动机。每个人做事都是有原因的，我们要从他的行为表现进行分析，找到做事的原因。这样的练习，可以让孩子学会一边观察，一边思考。

第三个话题：阿福是个什么样的孩子？

这是一个好奇心强、喜欢提问、善良、愿意帮助别人的孩子。这个话题对低龄的孩子有一点点难，他们会根据自己的经验来判断，比如，这是一个听话的孩子，等等。但孩子的经验越多，能做出的判断就越准确。每一次阅读活动都是一次经验积累的过程，家长在共读的时候不要急于给孩子答案。

第四个话题：你身边有人愿意为大家做事吗？如果有，他是一个什么样的人？

家长和孩子都可以调动自己的经验来回答这个问题。在讨论的时候，多讲事例，逐渐从人物做过的一件件事情上，概括出这是一个什么样的人，也就是这个人的性格特点。对一个人物行为的了解是观察，对他的行为进行分析和判断就是思考。

孩子刚开始观察人物时，很难做到全面和完整，这就需要成年人的引导。在指导孩子观察的时候，家长要帮助孩子对信息进行分类和判断。

《大卫，不可以》系列绘本可以让孩子在对画面的观察中进行思考。从书名页开始的每个画面都有很多需要思考才能获得的信息。书名页上的妈妈虽然看不到她的表情，但是从她的姿态来看显然已经生气了。大卫站在椅子上去拿东西的时候，他伸出了舌头，由这个细节可以判断出，大卫想拿吃的东西；这个画面在告诉读者，这是一个爱吃东西的孩子。后面的很多画面里，妈妈都在喊"不可以"。为什么不可以呢？家长和孩子可以一边观察画面，一边思考。

要把一个人物写得有血有肉，必须有很多支持的材料。这些材料有的是我们生活中经历过的、听说过的，还有的就是我们从书里读到的。因此，阅读的时候如果细细分析，就可以了解作者是怎么塑造人物的。

把一个人物写好并不只是写清楚他的外貌特征，写出他的行为习惯，还要从观察到的材料中，选取能够表现人物性格的内容。

这里给出三个人物的性格特点，分别是淘气、胆小和聪明。请孩子们想一想，在哪个作品中读到过这样的人物，然后把这个人物的故事概括一下写下来。

下一节，我们要讲一讲故事里的观察与发现。

## 13　观察与发现：什么是什么

在前面的几节中，我们与大家分享了怎样指导孩子进行观察。观察是积累写作素材必不可少的环节，也是培养孩子观察能力和思考能力的重要步骤。这一节我们继续讲一讲观察与发现。

今天的故事是小狗阿福系列故事中的《跟晚霞说再见》。读完故事，我们先聊一聊"发现"这个词。

"发现"是什么意思呢？我们查一查字典可以知道，它有这样几个意思：第一次看到或者知道；找到一个物件；经过对一个目标的研究或探索而找到。

观察是用我们身体的各个器官去感受和了解，而发现是在观察的基础上对感受到和了解到的事物进行判断。比如，阿黑第一次认真看日落的时候，他感受到了落日的美。在这之前，虽然他也看到过落日，但没有仔细观察，所以他并没有发现落日的美丽。再比如，在我们前面提到的绘本

《收集东，收集西》里，乌鸦会收集亮闪闪的东西，这说明乌鸦能从很多东西里发现它需要的东西，那么它首先要做的一件事就是观察。因为在对看到的物件进行比对之后，乌鸦才能找出它需要的亮闪闪的东西。

观察能力非常重要，这种能力并不只是用来写作文的，还可以用在艺术创作和科学研究等很多领域。当然，我们的日常生活中也非常需要观察能力。

现在，我们来聊一聊这个故事。

第一个话题：为什么阿福能够看到落日的美，而其他人却没有发现？

这个话题有一定的难度，如果孩子不能正确回答也没关系，让他们知道阿福是一个对外部世界充满好奇，能够感受美好的孩子就可以。家长还可以告诉孩子，"世界上并不缺少美，缺的是发现美的眼睛"等名言，鼓励孩子去发现美好。

第二个话题：你看过日出或是日落吗？描述一下看到的情景。

孩子的描述不一定有条理，也不一定有文采。这个提问只要让孩子对日出或日落有印象，能够调动原有的记忆或间接经验就可以。有条件的话，家长可以带孩子一起观察日出或日落时的天空颜色、周围的景物等，引导孩子发现这个时候与其他时间段天色和周围景物的不同。

第三个话题：你读过的书里，哪本书描写的景色让你有印象？

很多家长都说自己的孩子很喜欢看书，也看了很多书，但是似乎对语文学习或表达能力并没有什么帮助。尤其是到了高年级的时候，一个爱读书的孩子有时成绩反而不如那些不读课外书的同学。

这个问题的原因是，很多家长带着孩子一本一本读完后，没有再次回顾和整理，很多信息如果没有分类储存，就很容易被遗忘。

正确的做法是，我们要经常帮助孩子对阅读过的作品进行归纳和分析，帮助他们分门别类地整理和储存。

从一本书联系到另一本书的问题，考查的不仅是孩子的记忆力，还有孩子找出性质相似的情节、人物，或结构相同的作品的辨别能力。这种辨别能力非常重要，不仅在写作中会运用到，在所有学科的学习中都会用到。

无论孩子想到哪本书，我们都要耐心地听他说完，然后再分析他说的对不对。这个话题还可以延伸到看过的电影、动画片等，它们都是相通的。当孩子有了一定的阅读量之后，这样的练习应当经常做一做。

推荐的绘本有《黎明》《黎明开始的地方》《静悄悄的夜晚》，这几本里都有景物描写，作者在观察时有非常独特的发现。在《黎明开始的地方》里，作者发现"山顶不是黎明开始的地方，树梢不是黎明开始的地方，沼泽不是黎明开始的地方，湖泊不是黎明开始的地方……"黎明开始的地方究竟在哪里呢？每个人的感受不一样，因此作者说："要问黎明开始的地方到底在哪儿？答案就是在你的心上。"

我们阅读这样的作品，在获得美感的同时，对事物的认识和理解也会更深。好作品是能够让我们获得启发，开阔眼界，得到滋养的。

　　这次，我们练习写一个比喻句，试着描述一下你看到过的最美的景色。如果一个句子不够表达，那就写两个、三个，甚至更多。

　　下一节，我们讲一讲如何调动原有的记忆来帮助写作。

## 14　挖掘记忆库：小时候的故事

在讲调动原有的记忆之前，我们先阅读小狗阿福系列故事里的《和云朵捉迷藏》，熟悉了这个故事之后，我们可以探讨以下的话题。

第一个话题：阿福做了几件事？

这个问题是对故事内容的回顾。家长可以和孩子一起返回故事中进行梳理。

这样的梳理对孩子记忆能力的提高有一定的帮助。很多人都认为越小的孩子机械记忆的能力越强，只要让他们反复背诵就可以记住。其实，任何一个年龄段都可以进行理解记忆的训练。在阅读中对故事内容的回忆，可以用推理故事发展经过的方式来完成。

然后，我们可以用那个神奇的词语"后来"来梳理情节。阿福和同学们一起捉迷藏，她躲起来以后，没人能找到她。后来，上课铃响了，他们就进教室了。后来，阿福就和呱呱一起玩捉迷藏。后来，呱呱也回家去

了，阿福就和云彩玩捉迷藏。后来，阿福等到天黑也没找到那朵云彩。这几个情节之间虽然没有必然的逻辑联系，但有发生的先后顺序。每一次对阅读过的作品内容的回顾，都是在加深孩子对作品的记忆。重温故事发展的顺序，不仅强化了按顺序写作的能力，也提高了孩子的记忆力。

第二个话题：为什么阿福没有找到那朵云彩？

这个话题考查的是孩子的生活经验。对云彩有过观察的孩子知道，云彩的形状瞬息万变，很快就和之前的不一样。所以，阿福没有找到那朵云。

第三个话题：你见过最美的云朵是什么样子的？

孩子们的答案肯定是五花八门的，后面这两个话题考查的是孩子的经验积累。只有当经历过的事情成了记忆，才会有写作需要的积累，才能从这些经验中找到灵感、素材。让孩子学会调动已有的经验是学习写作的基础。

将这个话题延展开，家长和孩子还可以聊一聊和那天的云朵有关的开心的事、不开心的事，或者尴尬的事，等等。目的是让孩子努力找出记忆中曾经发生过的事。这些事情无论大小，家长都需要引导孩子叙述完整，并且找出开心或不开心的原因。

关于云彩的绘本有很多，之前我们就介绍过一些，例如《云朵面包》《云娃娃》《7号梦工厂》《十朵小云》《好饿的小白熊》等。上次讲了《云娃娃》，这一次我给大家介绍一下《7号梦工厂》。这是一本无字书，作者是美国的大卫·威斯纳，后面我们还会讲到他的《疯狂星期二》。《7号梦工厂》讲的是一个小男孩遇到了一朵云，这朵云把他带到了7号梦工厂。原来，不同形状的云朵就是从这个工厂生产出来的。男孩画了很多海洋生物，后来都变成了云朵。如果只是听故事梗概的话，大家不会对这个绘本有太大兴趣，但如果你把这本书拿在手里和孩子一起翻阅，一起感受主人公的奇遇，你一定会为作者超凡的想象力惊叹的。想象和记忆也有关系，这个问题以后我们会讲到。

　　低年龄段的孩子写作时，可以让他们把说过的内容用文字记录下来，写作就变得没那么难了。家长可以针对第三个话题引导孩子说出他们见过的最美的云朵，并试着写下来。

　　下一节，我们要讲一讲如何训练孩子的空间认知。

## 15　空间认知：读一读，画一画

读完小狗阿福系列故事中的《最棒的厨房》，我们可以先说一说它有趣的地方。

接着，我们可以让孩子想一想这两个问题：你认识自己的家吗？你的家是什么样子的？

我们这里所说的认识自己的家，指的是空间意义上的家，而不是让孩子记住自己的家庭住址，家里有几个人等问题。

就像故事中讲到的阿福爷爷家的厨房，一进去看到的是灶台，接下来介绍了左边是什么，右边是什么。这就是空间位置的描写。

孩子对自己的家都熟悉，可一旦要写出来，可能会不知道该从哪里入手。我们建议让孩子先画一画。

这个过程最好是家长带着孩子完成，陪着孩子把家里的布局画出来。只需要标注出每个房间的大致布局即可，不用每件东西都仔细地画出来。

在画图的过程中，家长可以带着孩子复习我们前面说过的观察顺序。观察的顺序在画画的时候表现为画画的先后顺序。家长带着孩子从进门处开始，选定一个方向开始观察和记录，对房间有了整体的认识后，再在画纸上画出来。

这个练习可以根据孩子的认知能力进行调整。年纪小的孩子只要知道大致的布局即可，上小学的孩子可以画得详细一些。

这个练习还可以扩展到户外。例如，家长带孩子去公园的时候，可以拿一张公园的导游图。游览时，家长可以让孩子在导游图上找出去过的或即将要去的景点，找出卫生间、餐厅的位置，等等。同时，可以教会孩子掌握地图"上北下南，左西右东"的规律。结束后，可以用这张导游图和孩子一起回忆游玩中发生的趣事，增加孩子的经验和积累。

孩子对于外部空间的认知是思维训练的重要内容。正确的空间认识可以让孩子对事物有正确的判断。前面我们提到的观察顺序，都是认识空间的一些方法。对于儿童的思维训练，我们要尽可能地从形象的事物入手。

因此，绘制一张家里的布局图，画一画自己的家，并不只是一个游戏，同时也是一种很好的思维训练方式。

大家画完真实的家，还可以画一画理想中的家。孩子们对家有很多自己的愿望，比如，家里有溜冰场、旋转木马等。这些内容也可以让孩子画下来，家长只要提醒他们布局合理，不要干扰到房间的其他用途就可以了。

画完后，我们还可以写一写，但让低年龄的孩子写出家具的布置有点难。我们可以把题目更换一下，写一写"我家的……"，选择家里的一件东西或一个角落来写就可以了。

写作的要点和画画的要点是一样的，注意观察顺序和写作顺序。顺序是记录一个空间或一个事物的最基本的要求。

关于空间认知的绘本很多，我推荐《逛了一圈》和《不可思议的旅程》。《逛了一圈》是一部神奇的作品，作品的前半部分是讲从乡下到城里，后半部分则是从城里回到乡下。而令人意想不到的是，后半部分仅仅是将前半部分的图片顺序颠倒过来，就把故事讲述清楚了。《不可思议的旅程》也一样，一个小女孩用一支红铅笔就绘制出了一个神奇的世界。家长和孩子可以在阅读中发现很多有趣的事物。

下一节，我们要讲一讲学会多角度思考问题。

## 16　多角度思考：不同的角度，不同的立场

在上一节中，我们介绍了一些训练孩子空间认知的方法。有家长说，其实每天上学和放学的路上也可以训练，可以让孩子画出从家里到学校或幼儿园的地图。这确实是个很好的方式，不仅让孩子有了空间意识，还锻炼了他们的观察能力。

家长和孩子一起读完小狗阿福系列故事中的《跑步比赛》后，可以聊一聊以下几个话题。

第一个话题：阿福的同学们为什么都抢着打扫卫生？

孩子可能会回答，因为大家都是好朋友。

答案还可能是，大家都喜欢自己的教室，所以就抢着打扫卫生。还有没有其他可能呢？有一个小朋友告诉我，这几个小动物都喜欢打扫，是因为扫地的时候可以玩水。估计他打扫卫生的时候就喜欢玩水吧。

看待问题的角度反映出的是我们的经验和积累，认识的事物和规律越

多，看待问题的角度就越全面。我们讨论这样的话题，可以让孩子充分地提出自己的观点。

第二个话题：阿福在家里和哥哥们的关系怎么样？为什么？

从阿福家人的对话里可以看出，阿福在家里最受照顾，因为爸爸妈妈觉得阿福是最小的孩子。阿福和哥哥们的关系很好，但阿福觉得哥哥们应该照顾她。

第三个话题：你觉得大家应该让阿福跑在前面吗？

这个答案只有两个，一个是当然不可以，另一个是当然可以。无论选择哪个答案，只要言之有理就可以。

我们可以分析一下这两个答案的思维角度。觉得不可以的孩子大得认为这是比赛，应该自由竞争，没有必要让着阿福。觉得可以的孩子通常认为阿福还小，应该让着她。家长在带着孩子讨论的时候，最重要的一点是，无论有什么样的判断都要让孩子找出依据。

孩子们的判断很大程度上是依据自己的生活经验做出的。

第四个话题：如果遇到这样的事情，你会怎么做？

我们又一次让故事和孩子的生活联系在了一起。很多好的故事都在给孩子的行为做出示范，故事里并没有明确表达这种行为的对错，但却会艺术地给孩子们展示正确的做法。特别是很多关于情绪控制的作品，作家总是用一种智慧的方式告诉孩子，该怎样面对问题，控制自己的情绪。

今天推荐的绘本是《迷路的大熊》《鸭子？兔子？》和《敌人派》。《迷路的大熊》讲的是大大熊和小小鸟的故事：大大熊每天照顾小小鸟，小小鸟什么都不做，后来大大熊出去找柴的时候迷路了，小小鸟慌忙出去找他，之后便对大大熊的态度改变了。朋友之间应该怎样相处，我们可以从不同的角度和立场来表达自己的看法。《敌人派》也很有意思，一个智慧的爸爸让孩子知道了该如何和"敌人"朋友相处。从不同的立场和角度看问题，常常会得出不一样的答案。《鸭子？兔子？》主要记录了两个人的对话，他们从不同的角度看一个形象，一个人看到的是鸭子，另一个人看到的是兔子，于是，他们就有了争执。是不是很有趣？

这次的写一写，可以尝试写"我最喜欢吃的食物"。要求是：不仅要写清楚自己为什么喜欢，还要写出其他人对这种食物的态度，最好还能写出理由。

下一节，我们讲一讲是非判断。

## 17　分析与判断：好事还是坏事

前面的几次课，我们都在讨论如何培养孩子的表达能力和观察能力，大家或多或少应该有一些收获。亲子共读在孩子阅读活动中有很重要的作用，有经验的成年人能够通过书本将自己的经验无障碍地传递给孩子，而孩子对于事物的认识也能对成年人有所启发。这一节，我们要讨论一下，如何提高孩子的判断和分析能力。

我们先阅读小狗阿福系列故事里的《我们一起打呼噜》，熟悉了这个故事之后，我们来和孩子聊一聊有趣的地方。

第一个话题：小狗们为什么要去陪失眠的喔喔？

孩子可能会回答，因为他们是朋友啊，好朋友要互相关心、互相帮助。

孩子也可能会回答，他们要去提醒喔喔早起叫醒大家。做出这些判断都是有依据的——孩子们对故事有自己的理解。

第二个话题：什么是朋友？

学习处理人际关系是孩子成长的一大功课。很多孩子觉得朋友就是对自己特别好，愿意和自己一起玩或从不欺负自己的人。每一个孩子对朋友的理解，都是自己交往经验的体现。这种理解会随着年龄的增长，遇到的人和事的增多而改变。家长在和孩子讨论这个问题的时候，适当引导就好，不一定非得让孩子有一个固定的认识。

在这个故事里，小狗们和喔喔是同学，也是朋友，朋友遇到了困难，他们就去帮忙。虽然最后阿福说大家一起打呼噜可以睡得更香，似乎没有逻辑，但也能看出他们对好朋友的关心。

第三个话题：你会选择与什么样的人做朋友？

这个话题似乎已经离开这个故事了，但这样的讨论往往能够引导孩子对一个问题进行分析和判断，并深入思考。这就得回到上一个问题去——什么是朋友？

这个问题和孩子的经验有很大关系，家长在讨论中可以了解孩子日常生活中与他人沟通的情况，了解孩子对友谊的理解，平时都有些什么样的朋友，和朋友做过什么，他们期望和什么样的人相处，有什么样的情感要求，等等。

这样的话题不仅能够增进家长对孩子的了解，在交流中，家长还可以及时发现孩子与他人相处的问题，并给予适当的引导。这样的问题对写作也是有一定帮助的。作文也好，文学作品也罢，最终表达的都是人类的思想情感和愿望。所以，这个话题看似离作品有一定的距离，其实是让孩子用他的日常生活经验及情感来进行分析判断。

第四个话题：喔喔是一个怎样的孩子？为什么？

分析作品中的人物的时候，我们一定要回到作品中去，也就是找到判断的依据。

喔喔愿意叫醒村民们，说明这是一个热心助人的孩子；喔喔担心第二天耽误了起床的时间就睡不好，说明他是一个有责任心的孩子；喔喔在小狗们的呼噜声中睡熟了，说明他是一个需要伙伴的孩子。小朋友们还读到了什么呢？答案是开放的，但一定要从书里找出理由。让孩子知道，我们所做的每一个判断都是经过分析的。

第五个话题：你觉得这个故事有问题吗？

这个问题可以在读完每个故事以后提出。能够有自己的见解，敢于质疑的孩子的思维能力都比较强。有了一定的分析和判断能力后，孩子才能提出疑问。

这个故事有一些问题：整个村子的村民都等着喔喔叫他们早起，这个有点不合理；而且，喔喔生病了，大家还要等他叫醒，最后解决问题的居然是几个孩子，这也有点不合理。在这个故事里，成人的缺席可能会让孩子读完之后缺乏安全感。

和友谊相关的绘本很多，推荐《我有友情要出租》和《好朋友》。《我有友情要出租》中，大猩猩和小女孩的友谊是一点一点在相处中建立起来的，而当大猩猩获得友谊的时候，小女孩却走了。这是一个线索清楚、能够回味的故事，值得一读。《好朋友》的故事就比较热闹，公鸡、小老鼠和小猪一起骑车，一起玩捉迷藏，一起假扮海盗，玩得不亦乐乎。他们的快乐让小读者理解，什么是友谊。

　　这次，我们写一写自己最喜欢的一个朋友吧。注意，一定要写清楚喜欢的原因。

　　下一节，我们要讲一讲如何在阅读中分析和比较。

## 18　分析与比较：相同与不同

上一节我们请孩子们写一写自己最喜欢的朋友。要写好这个题目，首先要把自己的朋友都比较一下，找出最喜欢的那一个。当然，也有的孩子会说，我的好朋友有很多个，怎么写呢？小窍门就是，选择那个最有特点的，你有很多话可以写的，只有这样你才能写好一个人物。找到能写到作文里的这个朋友的过程，就是一个比较之后得出结论的过程。

什么是比较，就是找出两个或是两个以上的事物的相同点和不同点。这种能力不是与生俱来的，需要我们在生活实践中逐步培养。我们先阅读小狗阿福系列故事里的《追赶太阳的蜗牛》，通过这个故事，来聊一聊如何让孩子学会分析与比较。

第一个话题：阿福和八牛有什么不一样？

这个问题很容易回答。阿福比八牛大，阿福比八牛跑得快。

大和小、远和近、高和矮都是反义词。事物之间有什么相同点和不同点都是经过比较得出的。

第二个话题：你觉得蜗牛和其他动物最大的区别是什么？

我们在做判断时常常依赖自己的经验，但孩子们的经验有限，很多时候他们无法辨别事物就会胡乱做出判断。在亲子共读的活动中，家长需要做的并不只是讲故事，还应该和他们一起分析和判断。用成年人的智慧启发孩子，让他们知道思考的路径。

在回答这个问题的时候，家长可以选择一些动物让孩子进行比较，找出它们的相同点和不同点。

第三个话题：设立一个比较的标准，把狗和蜗牛进行比较。

我们在对两个或两个以上的事物进行比较的时候，必须先选择一个比较的标准。狗和蜗牛有很多不一样，比较起来就有很多个标准。比如，从体形上来看，两者有大小、高矮、胖瘦的区别。从生活习性上来看，狗与人或其他动物一起生活，是杂食动物；蜗牛生活在阴暗潮湿的环境中，吃腐烂的叶片，昼伏夜出，最怕阳光直射。从外形上来看，狗的体表有毛；蜗牛没有毛，身体软乎乎的，还分泌黏液。我们还可以从它们的身体构造、消化方式等方面来进行比较，在比较的过程中，发现两者不同的特点。

这次要推荐的一套绘本是"疯狂的比较"系列。这套绘本一共有四册，《比比你有多高》《比比你有多大》《比比你有多重》和《比比你有多长》。这是一套经典的教育读物，可以提升儿童的数学逻辑思维能力。其实，很多学科对思维能力的基本要求是相同的，都要依靠演绎推理和归纳推理等基本逻辑来进行思维训练。这套书最有趣的地方是，作比较的事物都是孩子们比较感兴趣的。比如，一只海豚的大小相当于60606块糖的大小，一只长颈鹿有14只泰迪熊那么高，一个马桶有98只牛蛙那么重。家长和孩子共读时，在有条件的情况下，可以自己动手称一称、量一量，找出相同重量、大小和长度的东西，孩子一定会感兴趣的。

我们可以写一篇很有意思的文章，题目就是《最大的和最小的》。找找看，身边什么是最大的，什么是最小的，把它们写下来。

下一节，我们要讲一讲写作的逻辑关系。

## 19　故事的逻辑关系：无巧不成书

我们在上一节课程中一直在强调一个词语，那就是"逻辑"。一部好的作品，逻辑一定是正确的。简单地说，逻辑就是规律。好作品一定是遵循事物发展的普遍规律的，每个情节的发展都是合理的，人物的一言一行也必须是经得起推敲的。

一部好作品通常不会平铺直叙，而会在故事中有起伏，有冲突，有高潮。比如大家熟悉的童话《丑小鸭》，这个故事在结尾的时候，给了我们意外的惊喜。通过小狗阿福系列故事中的《水果节》，我们来说一说如何引导孩子认识故事的逻辑关系。

第一个话题：当长耳朵老师说要过水果节的时候，你想到了什么？

有个孩子告诉我，他想到的是，大家用水果做了很多好吃的点心。这个想法不错，这个话题是在考查孩子的联想能力和分析能力。"水果节"三个字能联想到的大都和水果、节日有关，这就是我们的思维方式。经常问这样的问题，看似简单，其实是在教会孩子审题。有了充分的训练之后，孩子就能在题目中找出关键词，写作的时候能够紧扣题目要求。

第二个话题：阿福往后退的时候踩到了小兔跳跳，小动物们就一个接一个地撞到了对方。这是不是太巧了？

是啊，这个故事实在是太巧了。"无巧不成书"是一个大家都熟悉的俗语，意思就是，没有巧合就没有书里的故事。巧合在文学作品中运用很多，因为各种巧合，事件就有了新的发展。

我们之前讲的《今天运气怎么这么好》就是一个很巧的故事。乌鲁每次敲开小伙伴的门，约他们去午睡林吃小猪的时候，他的话总被同伴打断，这是不是很巧呢？因为乌鲁一次次错过带同伴去午睡林吃小猪，小猪们因此睡了一个美美的午觉，他们今天的运气也很好，这是不是也很巧？

第三个话题：读了这个故事之后，请你想一想，哪个故事也是"无巧不成书"？

和孩子讨论这样的话题，既可以考查他们的记忆和积累能力，也可以考查他们的分析判断能力。最重要的是，在这样的对比讨论中，孩子需要概括故事的逻辑线索，并进行对比，这就会对故事的逻辑有了更深的认识和理解。

这次推荐的绘本是《鳄鱼怕怕牙医怕怕》和《大脚丫跳芭蕾》。《鳄鱼怕怕牙医怕怕》里的牙医和鳄鱼有着同样的担心和恐惧，他们都害怕对方，却又不得不和对方合作。整本书中，两个人物的心理活动几乎一模一样，但却巧妙地讲述出了这样一个有趣的故事。《大脚丫跳芭蕾》里的贝琳达是一个喜爱芭蕾的女孩，但她的脚太大，因此被评委们淘汰了，她只好到一个餐厅去做服务员。巧的是，这个餐厅里来了一个乐队，贝琳达随着音乐起舞，舞姿非常优美。渐渐地，来看她跳舞的人越来越多，连大都会芭蕾舞团的指挥也来看她跳舞。最后，贝琳达如愿以偿地到舞台上去跳舞了。这个故事还有很多种解读的方法，家长可以和孩子一起讨论。

如果你要和小伙伴们过一个水果节，你会怎么做？想一想，写一写。

下一节，我们要讲一讲写作中的创意。

## 20　与众不同有创意

上一节讲了"无巧不成书"的写作方式，大家可能会觉得写作前要设计很多巧合太难了。其实，真正开始写作后会发现，如果你的积累足够多，你的创新思维能力足够强，很多巧合并不是事先设计好的，而是在写作的过程中灵感迸发，突然想到的。

我曾经写过一个麻花的故事，灵感来源于朋友送了我一盒麻花。我想有个与众不同的开头，于是就开始分析。麻花是一种食物，人们去商店挑选的时候都是挑选自己喜欢的口味。如果换一种方式挑选，是不是就会有不一样的效果呢？思考的结果是，我选择让大家用听的方式来挑选。于是，就有了这个童话的第一个段落："听说过八音麻花店的人，闭着眼睛也能找到这家店，因为这家店用耳朵就能找到。好吃的麻花讲究的是酥、脆、甜、香。八音麻花店的麻花不仅具备这些特点，还能发出好听的声音。"这个童话的题目就成了《八音麻花》。作家的创作很多时候就是这样开始的，这样的思维方式是逆向思维。

读完小狗阿福系列故事中的《特别的生日礼物》之后，我们可以围绕下面三个话题来聊一聊。

第一个话题：阿福送了什么生日礼物给哥哥？为什么？

答案很简单，她把自己藏起来，不让哥哥看到自己。因为哥哥曾说："我过生日那天你别捣乱就不错了。"

大家现在讨论人物特点或是故事情节的时候是不是已经养成习惯，到原文里面去找依据了呢？

第二个话题：你过生日的时候，发生过什么印象深刻的事吗？

这个话题考查的依旧是孩子们已有的经验和积累。这些事情有的有趣，有的尴尬，有的可能让人并不愉快。但这些都是孩子经历过的，我们可以帮助他们梳理和整理，让他们能够积累经验，反思教训。

通常印象深刻的事情和孩子的情绪也有关系。有些事情在家长的眼里可能是小事，但在孩子的眼里就是大事。比如，一个孩子在别人的生日会上对蛋糕上的小玩偶很感兴趣，就在他仔细观察的时候，被同学误以为他想吃蛋糕。孩子当时不好意思解释，但之后就再也不想去参加同学的生日会了，害怕大家认为他贪吃。这样的事情很多孩子不知道怎么跟别人交流，不知道该怎么处理。我们聊一聊的时候要让家长和孩子的身份平等，让孩子放松地把心里话说出来。家长对于孩子的问题一定要耐心、诚恳，设身处地地为他们找寻解决问题的办法。我们所聊的这些经过，都是孩子们可以写到作文里的。

第三个话题：你见到过哪些有创意的活动？

所谓"有创意"，就是和一般的活动不一样。泰国的儿童节是在每年的第一个月的第二个星期六。这一天，很多学校都会举行一些庆祝活动。有一年，一个学校的校长突发奇想，让学校的孩子们创办了一个大型的美食节。他给每个班发了一笔钱，让学生们做一种食物到操场上去卖，盈利的钱就是这个班的班费。同学们一边做食物，一边到别班的摊位上去买东西吃，这样的活动就是一种有创意的活动。

想想看，你见过什么异想天开的活动？要写好作文，我们不仅要读万卷书，还要行万里路，去发现与众不同的事物。

这次要推荐的绘本是《想象有一天》和《生气汤》。《想象有一天》是一本神奇的绘本，作者能够把很多没有关联的事物联系在一起，不仅不别扭，而且有了别样的美感。《生气汤》是一个很棒的故事，汇聚了好故事的很多优秀的特点。霍斯在学校遇到许多倒霉的事情，妈妈提出煮生气汤，煮的过程充满了奇思妙想。读这样的故事，会让我们脑洞大开，有很多新发现。

我们可以模仿《想象有一天》，写几个比喻句。如：远处的船帆白得像雪，跨海而来的火车桥像是杂技演员在叠罗汉……

下一节，我们做一个综合训练。

## 21　综合能力训练

在前面几节中,我们分享了一些亲子共读和写作的方法。这一节,我们将对前面的内容做一个整理和总结。

读一本书有哪些方法呢?有小朋友说,一个字一个字地读,这听起来好像不错。这个办法在孩子刚开始识字的时候是可以用的,但如果一本绘本里的字已经能够认识一半以上的话,建议就不要再用手指着字读了。因为如果孩子养成了指着字读的习惯,会降低阅读的速度。

阅读一本书通常需要三个阶段:一、阅读前的准备,也就是需要猜测将要读什么;二、阅读中的顺势而为,也就是怎么读;三、阅读后的整理,也就是读到什么。

在阅读一部作品时,我们会调动以往的所有经验,这些经验有的是从书里看到的,有的是在生活中经历的,有的是道听途说的。我们会把这些经验和书里的文字进行对照,就得出我们自己的结论。我们说到阅读这项活动，不仅是把文字浏览一遍，而且还要强调思维活动。

写作能力不是单一的能力，其中包括阅读能力、积累能力、记忆能力、思维能力和写作技巧等。阅读能力是写作能力的基础，思维能力则是整合所有能力的最重要的能力。要想顺畅地表达自己的所思所想，需要的就是这种重要的能力。良好的阅读方法可以同时对写作需要的这些能力进行训练。

我们通过小狗阿福系列故事里的《给书洗个澡》，来聊一聊如何训练孩子的综合能力。

还记得前面讲的阅读策略吗？我们今天来综合运用一下。

第一个话题：请用"后来"把这个故事梳理一遍。

熟悉故事的内容，找出故事线索，是阅读需要掌握的基本能力。

第二个话题：故事的主人公是谁？他是什么样的人？找出依据。

这个话题需要孩子回到作品中去仔细寻找细节。对这些细节的把握，会让孩子留意到把一个人物写具体的方法。这个问题的难度在于对阿福性格的概括。有的孩子会说得很散乱，家长要注意引导和归纳。比如，有孩子会认为阿福是一个胆小的孩子，因为她害怕妈妈骂她。关于这一点，家长有必要和孩子讨论什么是胆小，再引导他们做出正确判断。

第三个话题：你喜欢这个故事吗？为什么？

让孩子知道，读完一部作品后，喜欢或者不喜欢都是正常的，只要能够说清楚自己的理由就好。

第四个话题：这个故事讲了几件事？这几件事之间有联系吗？

这个问题也需要我们回到故事里去，家长引导孩子先归纳有几件事，再分析事件之间的逻辑关系。

第五个话题：这个故事让你想到了哪个故事？

这个话题每本书都可以聊，也没有标准答案。孩子读的书越多，能聊的书也就越多。当然，如果家长对孩子读过的书都有所了解，这个话题可以聊得更多。

很多好的故事还适合演一演，可以利用家中的玩偶或者宠物，家长和孩子一起把读过的故事表演出来。

最后，家长可以让孩子写一写他们在学习或生活中遇到的困难，想过用什么样的办法解决。关于这个话题，孩子一般都有话可说。

下一节，我们要讲一讲日记的写作。

## 22　从日记开始写作：每一天都值得记录

在阅读活动中，我们通过文字理解了作者的思想和感情；在写作活动中，我们通过文字让读者了解我们的思想和感情。我们可以看到，在阅读和写作活动中，文字是非常重要的中介。因此，我们必须具有良好的文字理解能力和表达能力，才能够清晰完整地理解作品和表达自己。

要提高自己的语言表达能力，没有捷径可走，必须经过长时间的练习才能有所进步。练习写日记是一种快捷有效的方式。日记应该怎么写呢？我们先来读一读小狗阿福系列故事里的《倒霉的一天》，读完后，说一说它有趣的地方。

第一个话题：这个故事的时间、地点和人物都有哪些？

这个话题考查的是孩子对事件构成的分析。时间：星期天。地点：小狗家里。人物：爸爸、妈妈、阿黑、阿白、阿福和山羊大婶。

第二个话题：小狗们做了一件什么事？先做了什么？又做了什么？结

果怎么样？

家长可以和孩子一起用"后来"，把小狗们一天中发生的事情梳理一遍，这样就很容易讨论出他们做了些什么。这样的讨论不仅让孩子熟悉了文章的结构，还熟悉了事件的发展顺序。

小狗们想吃年糕，可是爸爸把年糕挂在高处。后来，阿黑站在椅子上去拿，却没有拿到。后来，阿白拿来竹竿去挑篮子，打坏了灯和茶杯。后来，年糕掉下来了，但是弄脏了吃不了。后来，他们打碎了玻璃；后来，山羊大婶受伤了。后来，他们被爸爸妈妈惩罚不许吃晚饭。

第三个话题：能不能把事件发生的顺序换一换？

如果先写他们被惩罚，再写他们想办法拿下年糕行不行呢？肯定不行。因为是他们先破坏了东西，不听话才被惩罚的。如果顺序改变了，就不合理了。因为爸爸妈妈也不会无缘无故地惩罚孩子们。

第四个话题：日记可以写什么？

记日记是一个很好的习惯，可以把每天经历的事情，每天的所思所想记下来。

有孩子说，我每天的生活就是上学，然后回家做作业、吃饭、睡觉。每天都写，有什么好写的？虽然我们每天的生活看起来都一样，但其实肯定是有不一样的地方的。每一天身边的景物都会有一点点不一样。我们每天都在长大，都在进步，一定会有一些不一样的事情发生。只要仔细观察，用心发现，就会找到能写的内容。

我们可以随身带一个小本子，随时记录身边发生的事，可以记录自己一天中最难忘的感受，可以记录所有你觉得有趣的事。这些文字很宝贵，是我们成长的脚印。

这里要推荐的绘本是《蚯蚓的日记》。这条蚯蚓是一个正在念小学的男生，他喜欢突然出现在公园的空地上吓人，希望教会蜘蛛钻地。有一天，他忘了带午餐，只好把作业本吃了。后来，老师罚他写了十次"我以后不吃回家功课"，但写完后他又把这页纸给吃了。这个绘本每一页都是一篇日记，非常简单，但又非常有意思。家长可以和孩子一起阅读，一起讨论。

最后我们说一下如何记录一天中发生的事情：可以按照时间顺序，把一天中每个时间段做了什么一点一点地记下来；也可以按照事件发展的顺序，一个步骤一个步骤地记下来；还可以把一天中印象最深刻的一件事记下来；或者把一天中自己的心情变化记下来……总之，日记的写法没有一定的规则，只要能够真实地记录自己的生活就可以了。

年龄较小的孩子可以从每天写一句话开始，慢慢增加内容。只要持之以恒地练习，写作需要的各种能力一定会得到提高。

下一节，我们要讲一讲如何写一件事。

## 23　学会记一件事：事件要素和发生的先后顺序

在上一节中，我们讲了如何写日记。有位妈妈的做法非常好，她给孩子买了花盆和种子，和孩子一起种绿豆。他们坚持每天一起写《绿豆日记》，详细地记录这一天的天气、绿豆发芽和生长的情况。这样的做法不仅提高了孩子的写作能力，在照顾绿豆苗的过程中，也提高了孩子的责任意识。我们先一起读小狗阿福系列故事里的《道歉信》，熟悉了故事内容后，聊一聊具体的写作方法。

第一个话题：用"后来"把这个故事梳理一遍，找找故事的原因和结果。

首先，喔喔不理阿福，阿福不知道是什么原因。后来，她终于想起来，原来是因为自己偷偷吃了一块糖没给喔喔，所以喔喔生气了。在梳理的过程中我们发现，这个事件的原因并没有写在前面，而是写在了后面。阅读了大量的作品后，大家会发现，原因并不一定要写在最前面，也有可能写在后面。用什么样的结构写文章，要根据作品的内容和作者要表达的情感来决定。

第二个话题：如果这个故事先写了原因，再写结果，好不好呢？

虽然事件的发生总是先有原因，然后才有结果，但如果先写原因，就太平铺直叙了，就没有了后来因为误会阿福的担心和猜测，没有了阿福和哥哥的谈话，没有了写道歉信的必要。所以，在这个故事里，是不能先写原因的。

第三个话题：你和小伙伴之间发生过什么不愉快的事情吗？

如果没有不愉快的事情，那想一想愉快的事情也不错。总之，我们想一想，和小伙伴一起做了一件什么事，为什么要做，怎么做的，结果怎么样。经常做这样的练习就可以熟悉事件发生的原因、经过和结果，能够尽快掌握记录一件事的方法。

我们现在来总结一下，要把一件事写好，首先要写清楚事件发生的顺序：先发生什么，接着发生什么，后来又发生了什么。写清楚之后，原因、经过和结果也就清楚了。

当然，如果平铺直叙、事无巨细地记录一个事件，文章就会变成流水账。要让文章的中心突出，事件的记录就要详略得当。把核心的事件写详细、写清楚，才能让读者了解最重要的事件。

这次要推荐的绘本是《是谁嗯嗯在我的头上》。这个故事很简单，不知是谁拉了一团粪便在小鼹鼠的头上，于是小鼹鼠就顶着这团粪便去寻找那个肇事者。他一个接一个地问了很多动物，山羊、大马、鸽子、老牛等，最后在苍蝇的帮助下，找到这团粪便是大狗拉的。故事的结局很有意思，小鼹鼠并没有让大狗道歉，而是偷偷地在大狗的头上也拉了一团粪便。小鼹鼠这种以牙还牙的行为对不对呢？这个话题从这本书出版后，读者们就一直争论不休。

我们可以让孩子写一件让自己高兴的事，比如，吃了一种好吃的食物，去游乐场玩。注意写清楚事情的起因、经过和结果，注意事件发生的顺序。

下一节，我们要继续学习事件的写作。

## 24　学会记一件事：事件的详略安排

要提高写作能力，我们需要多读优秀的作品，还需要自己认真地思考和训练。上一节中，我们特别强调了事件的起因、经过和结果，还有事件发生的顺序。这一节，我们讲一讲详略的安排。

我们还是先阅读小狗阿福系列故事里的《像小狗一样快乐地叫》，熟悉了故事之后，再说一说它有趣的地方。

你听到过小狗像鸡一样叫吗？哈哈，没有吧，但在这个故事里就有，说不定在这个世界的某个地方就有这样的小狗。阅读是一件很奇妙的事，当我们把书捧在手里的时候，我们就把远方捧在了手里，可以借由文字去经历别人的生活、别人的故事，经历我们从未经历过的事。

好，我们再来聊一聊这个故事。

第一个话题：这个故事哪些地方写得比较详细，哪些地方写得比较简略？

回到故事里，我们发现，作者在写喔喔得奖的时候比较简略，写小狗们学他唱歌比较详细。喔喔获得了三个奖，但只用三句话就概括了。

第二个话题：作者为什么要这么安排材料呢？

这是因为，这个故事的主题是小狗们模仿喔喔唱歌，想要拿一个歌唱比赛的冠军。如果这个故事是写喔喔怎样拿到冠军，那么喔喔的部分就要详细地写。所以，详略的安排是要根据故事的主题来选择的。

第三个话题：作者是怎么写小狗们唱歌的？

作者先用象声词描写了小狗们的声音——汪汪，而鸡的叫声是——喔喔，这里将它们结合了起来。然后写了村民们的不满，这种写法叫作侧面描写。

对事物的描写有正面描写和侧面描写两种。如果我们用正面描写的方法写小狗唱得很难听，就应该这样写："他们唱得真难听啊，好像有人在你耳边乱吼。"用村民们的看法来表现小狗们唱歌不受欢迎，则是侧面描写。前面校长的发言，也从侧面反映了喔喔的成绩。

第四个话题：如果你来写小狗们练习唱歌，你会怎么写？

这个问题没有标准答案，只要言之有理就可以。家长还可以找一找孩子喜欢的书做示范，写清楚过程就可以。

现在我们归纳一下。要把一件事写清楚，有这样几个要求：

一、时间、地点、人物要写清楚；

二、事件发生的原因、经过和结果要写清楚；

三、写事件发展的过程时，重要的步骤要详写，次要的就略写。

这次推荐的绘本是《疯狂星期二》。之前我们讲过这个作者的《7号梦工厂》。星期二的晚上，一群青蛙浩浩荡荡地向城里飞去。它们占领了整个天空，鸟儿都吓得停在一边。它们来到城里，进入人家的庭院，甚至到一个老奶奶家看了一会儿电视。一只超低空飞行的青蛙险些撞上了一条狗，就在狗追赶它的时候，大批的青蛙飞过来，赶走了大狗。天亮了，青蛙们乘坐的荷叶失去了魔力，它们惊慌失措地逃回了稻田里，而城里的警察面对满地的荷叶皱起了眉头。这本绘本也是一本"无字书"，仅有五个地方用文字提示了时间，但并没有用文字讲述故事。虽然没有用文字讲述故事，但这本书教会了我们很多记事的好办法。我们在综合练习里还会说到。

我们可以试着写"我最喜欢做的一件事"，这和"我最喜欢的一件事"有一点不同。"最喜欢做的一件事"强调的是自己"做"。"最喜欢的一件事"可以是自己"做"的，也可以是看别人"做"的。写这个题目，除了要把做这件事的原因、经过和结果写清楚，还要写出自己喜欢的原因。因此，需要将两个原因都写清楚。

下一节，我们要讲一讲结尾的写法。

## 25　出人意料的结局：凤头、猪肚和豹尾

关于一篇文章的开头和结尾，初学者大都觉得写起来有难度。所以，很多作文培训班会花很多时间教大家怎么写开头，怎么写结尾。我们都知道，开头很重要，要能让人眼前一亮，愿意读下去；结尾也很重要，有画龙点睛、卒章显志的效果，让人久久回味。

好的开头和结尾其实是没有模板的，每一部经典作品的写法都是不一样的。前面我们就说过，文章的结构是作者思考过程的体现。因此，开头和结尾表现出来的是作者的思路，要想写好开头和结尾，需要提高的仍然是我们的思维能力。

我们不妨先读一读小狗阿福系列故事中的《好朋友牌计时器》，熟悉了故事之后，再聊一聊故事开头和结尾的概念。

第一个话题：还记得《追赶太阳的蜗牛》里的八牛有什么特点吗？

在那个故事里，八牛是一个意志坚定，希望用自己的努力实现目标的

孩子。所以，八牛是不会让阿福背着自己去图书馆的。这个话题考查的是孩子的记忆能力和联想能力。我们在前面说过，书不能读过就扔到一边，只有把前后联系起来，这样的阅读才是有效的。

第二个话题：八牛在这个故事里有什么特点？

八牛的特点在这个故事里有了新的发展，他对阿福家的书感兴趣，所以这是一只爱读书的蜗牛。

第三个话题：这个故事的开头和结尾有没有关系？

我们可以先用"后来"把这个故事的线索梳理一下，然后就会发现，这些"后来"之间是有因果联系的，但开头和结尾的连接似乎不是那么紧密。也就是说，我们看了开头，但很难想象出这样的一个结尾，这真是一个出人意料的结局。谁会想到用小狗走路的节奏来做计时器呢？但童话就可以。

第四个话题：一个故事应该有什么要素？

一个故事有时间、地点、人物和事件的起因、经过、结果。一个故事就是一个完整的事件。但好看的故事不会满足于平铺直叙地讲述一件事，而是会隐藏着一些必要的技巧，比如，开头的时候埋下伏笔，中间一波三折，最后出人意料。这样的故事才能引起读者的阅读兴趣。

所以，故事写作没有固定的格式，有的故事看了开头就能够猜到结尾，有的故事的结局是在"意料之外，情理之中"，我们一开始猜不到。这个故事计时器的结局就很让人意外，但联系上下文，我们又觉得是合理的，没有生编硬凑。

结局令人意外的绘本有很多，比如《三只小猪》。这里讲的不是那本盖房子对付大灰狼的《三只小猪》。虽然故事的人物还是三只小猪，不过这次它们不是为了躲避大灰狼而建了砖房，而是因为城里拥挤，所以它们想尽办法到城外建了房子。小猪们各自做了选择，盖草房子和木房子的小猪都被吃掉了；大灰狼想抓砖房里的小猪，但它的计谋都被小猪一一破解了。最后，小猪还吃掉了大灰狼。故事到这里并没有结束。如果小猪打败了大灰狼已经算是一个出人意料的结局，那么这个故事的结局更令人意外——因为没有了大灰狼，小猪的房子周围搬来了很多居民，大家在一起很吵闹，于是小猪不想继续待在这里，它就又搬回城里去了。

古人曾说，文章的结构应当是凤头、猪肚和豹尾，意思是开头要像凤头一样漂亮，中间部分要像猪肚一样丰富，结尾要像豹尾一样有力。要做到这一点，需要大家不断努力。

请打开自己喜欢的一本书，看一看这本书里的每一个章节是怎么写开头和结尾的。然后，选择一个结尾，想想看还有没有更好的设计，然后把它写下来。

下一节，我们要讲一讲如何写一个人。

## 26　如何写一个人：写出他的模样

在上几节中，我给大家分享了如何写好一件事。在事件中，人起着非常重要的主导作用，这一节我们就来聊一聊如何写人。我们先通过小狗阿福系列故事中的《我的朋友请走开》，来认识人物描写。

熟悉了这个故事之后，我们来聊一聊以下几个话题。

第一个话题：阿福的朋友——苍蝇是什么样子的？

我们的老办法就是回到故事里去找一找。从第一段知道，苍蝇能在空中飞，而且还能发出嗡嗡的声音。我们从阿福和妈妈的对话中知道，苍蝇很漂亮，他有大大的眼睛，绿色的身体，亮闪闪的翅膀，这是苍蝇的外形。我们还知道，苍蝇喜欢吃腐烂的食物，而且，他吃了腐烂发臭的食物以后，却不生病。

第二个话题：作者是怎么让我们知道苍蝇有这些特点的？

作者先描写了阿福羡慕苍蝇能飞，还能发出嗡嗡的声音。这是正面描写，让我们对苍蝇有了一个印象。然后用阿福和妈妈的对话让我们知道，苍蝇的外形是什么样子的。这是侧面描写。最后，用阿福和苍蝇一起在垃圾堆上找垃圾的故事告诉我们，苍蝇喜欢吃什么。这就是举例子。

第三个话题：写一个人物前要做什么样的准备？

要把一个人物写得栩栩如生，首先必须对这个人物有非常充分的了解，只有掌握了这个人物的特点后，才能完成描写。因此，我们应当先对描写对象进行观察，找出特点，再准确地把这些特点写下来。

如果要写一只兔子，我们就应当了解兔子的特点，不仅要知道兔子的样貌，还要知道它的生活习性，最好还能知道它在日常生活中的一些细节。有了这些准备，我们就可以开始写了。

第四个话题：描写人物有什么具体的方法？

通常会用外貌描写、心理描写、动作描写、语言描写等方式对人物进行描写。无论用什么样的方式描写，都要突出人物的特点。

描写人物的绘本很多，这里推荐的是《有个老婆婆吞了一只苍蝇》。虽然我们读完这本书都不知道老婆婆为什么要吞下一只苍蝇，而且她之后的行为更让我们不理解，为了抓住苍蝇，她继续吞下了蜘蛛、小鸟、小猫、小狗、奶牛和马，但它仍是一本值得参考学习的书。作者通过外貌描写、动作描写塑造了一个什么样的老婆婆呢？大家可以讨论一下。

请孩子选出一个家庭成员，可以是爸爸、妈妈，或者是爷爷、奶奶，还可以是兄弟姐妹；确定人物之后，想一想他的样子，然后进行观察，如平时说话的模样、习惯性的动作等，找出最显著的特点，并试着写下来。

下一节，我们继续讲人物的描写。

## 27　如何写一个人：让他动起来

　　有家长问，阅读文学作品的时候，作品里有人，也有事件，但作家好像没有单独写人或者单独写事。为什么写作文的时候要分写人的作文和写事的作文，两者有什么区别呢？

　　文学作品和作文不一样，作文是一种教学文体，目的是训练孩子的写作能力。所以，我们把写人和写事分开讲，便于大家掌握。而文学作品是各种写作手法的综合运用，当然就不会把写景、写人、记事分开了。我们在阅读文学作品的时候有时会记住作品中的一个人，有时会记住一件事，这是因为这部作品中的人或事打动了你，并不是因为它只写了人或只写了事。在前面的讲述中，大家可能已经有了一个清晰的印象，我们要分析一个人的性格特点，必须回到原文中，用这个人做了什么事来分析。而要归纳一件事情表达了什么主题，体现了什么，也要回到原文中去，从这件事的每一个步骤进行分析和判断。

在写作学习中常常会强调一个概念，"人因事生，事因人存"。人和事其实并不能够完全分离。因此，我们要学会写一个人，同时也要学会用一件或者几件事来表现这个人物的特点。

我们可以通过小狗阿福系列故事中的《我要做个好警长》来继续学习其他的写作手法。

在上一节中，我们讨论了如何写一个人的方法，即运用一些描写方式，如正面描写、侧面描写、外貌描写和语言描写等，刻画人物。

第一个话题：这个故事给你印象最深的是什么？为什么？

很多孩子都会对阿黑和阿白学立正有印象。两条小狗想要四条腿并拢立正，但无论怎么努力都做不到。

这个问题的难度在"为什么"。它没有标准答案，考查的是孩子对这件事的看法。有的孩子会为小狗想办法，有的孩子会让小狗放弃，只要言之有理就可以。每个人对作品人物的理解，都是依据自己对外部世界的认识和看法得出的。家长经常引导孩子做这样的思考，有利于帮助孩子形成自己的世界观。

第二个话题：交流一下曾经读过的小狗的故事，你记住了哪本书里的哪个情节？

以小狗为主人公的绘本很多，如《好脏好脏的小狗》《小狗汽修师的一天》《如何当好一只狗》《好脏的哈利》等。这个话题依然在整合我们原来的阅读经验。经常做这样的整理有助于我们把原来读过的作品进行归纳和分类，成为有用的经验。

在讨论这个话题的时候，如果有条件一定要回到书里去寻找判断的依据。不随意做出评价和判断，这是一个成熟阅读者的素养。这种素养需要从小培养。

第三个话题：如果让你写一个小动物的故事，你会怎么入手？

这一节讲的是人物描写，为什么要讨论写小动物呢？

其实，动物故事里的小动物就是作品的主人公，描写它们的形象和写人的方式是一样的。前面我们说过，人物描写的方式有外貌描写、语言描写、动作描写、心理描写四种。要把小动物写好，这四种方式也可以用。

今天我们读到的这个故事运用最多的是动作描写和语言描写。要让一个形象生动起来，动作描写很重要。

读完这个故事，你一定记得阿黑和阿白每次四条脚一并拢就摔倒吧？这就是动作描写成功的地方。

这里我们要推荐的绘本是《丹尼和恐龙》。丹尼是一个小男孩，有一天他遇到了一只恐龙，这只恐龙和他一起度过了愉快的一天。他们一起过马路，一起捉迷藏，一起到海边玩耍，丹尼还把他的小伙伴也介绍给了恐龙。故事里有很多动作描写，比如恐龙和他们一起捉迷藏，大家装作看不到恐龙，让恐龙赢了等情节。作者通过丹尼和恐龙的游戏，在马路上、公园里的动作描写来表现恐龙和丹尼的友谊。最后丹尼和恐龙分别的时候，作者是这样写的："丹尼看着恐龙走远，直到再也看不见他的长尾巴。然后，他一个人回家。"我们用"依依不舍"也能表达丹尼当时的心情，但不如前面这样的描写来得更细致，更能让我们感受到丹尼不想和恐龙分别的心情。

我们可以试着写一写家里的一个成员，爸爸、妈妈，或者爷爷、奶奶都可以。

下一节，我们继续讲一讲怎么把一个人物写好。

## 28　如何写一个人：看，写的就是他

上一节课，我们让孩子写一写自己的家人。因为家人是我们最熟悉的，一般能有很多故事可以写，但还是有小朋友不知道从哪里入手。这一节再给大家一些建议。

首先，可以写一写这个人的外貌。要注意的是，描写外貌的时候，不用面面俱到，只要抓住一个特点写清楚就可以。比如，爷爷戴着一副黑边的老花镜，睡觉的时候也不肯摘下来，这个就是爷爷的特点。只要仔细观察，总能找到这个人与众不同的地方。

其次，找一件具有代表性的事件，按照事情发生的顺序把它记录下来。写清楚这个人物在事件中做了什么，是怎么做的。比如，爷爷有一次戴着眼镜睡觉，醒来后，到处找眼镜。因为到处都找不到，所以爷爷以为是小花猫拿走了，便严厉地批评了小花猫。当大家提醒他眼镜就在他的鼻梁上时，爷爷不好意思地笑了。选择事件的时候不一定要选重大的事件，

只要能够表达人物的性格特点就可以。

现在，我们通过小狗阿福系列故事中的《阿黑大侠》，来学习写人的要点。

熟悉这个故事之后，先聊一聊以下几个话题。

第一个话题：读了那么多小狗阿福的故事，你能判断出阿福有什么样的性格特点吗？

这个问题没有标准答案，但有几个特点是必须有的。小狗阿福好奇心很强，问题很多；她爱吃东西，有时不愿意和别人分享；她渴望友谊，希望大家都喜欢她……总之这是一只善良可爱的小狗。

第二个话题：小狗阿福的哥哥阿黑是只什么样的小狗呢？

阿黑虽然出现的次数不多，但可以感受到这是一个大哥的形象。他胆大，会关心弟弟妹妹，做了错事也会承担责任。阿黑还很执着，在学习做警长的那个故事里，虽然一直摔倒，但他一直在坚持。在《阿黑大侠》这个故事里，他想做大侠，愿意为别人付出。这些特点把阿黑和其他小狗区别开来了。

第三个话题：你认识的孩子中有像阿黑或阿福的吗？

如果目前孩子没有遇到这样的朋友，经过今天的讨论，在今后的生活中他会去留意，去观察，去发现。如果在他的朋友中有这样的孩子，讨论的时候可以提示孩子学会欣赏每个人的爱好和兴趣。

第四个话题：在你读过的故事里，有哪个人物形象让你印象深刻？为什么？

这个话题是在调动孩子的阅读经验，能够帮助孩子归纳曾经读过的书，让他们在阅读活动中学会归纳总结。有时，很多人物形象在我们阅读时并没有留意，但经过讨论之后，印象反而加深了。

这次推荐的绘本是《三个强盗》。有三个强盗，他们不断地去抢劫。有一天，他们遇到了小女孩芬妮，把她带到了自己的山洞里。后来，他们被小女孩打动了，买了一个城堡，并且把不快乐的孩子和无家可归的孩子都接到城堡里。孩子们慢慢长大，有了自己的家庭，他们为了感谢三个强盗，建了三座强盗帽子形状的塔。这个故事的线索很容易梳理，家长和孩子可以研究一下三个强盗的形象。这三个强盗十分与众不同，所以孩子们才修了高塔纪念他们。

我们可以学着修改一下前面写的家庭成员的那篇小文章，看看是否可以补充什么材料，让这个人物成为一个独特的、与众不同的人。

下一节，我们要讲一讲故事的结构。

## 29　好故事要一波三折

在上几节课里，我们学习了如何写好一件事，和如何写好一个人。今天要和大家聊一聊如何写好一个故事。在一个故事中，有人物和事件，那么，如何让特定的人物与事件更吸引人呢？我们先读一读小狗阿福系列故事中的《野餐去》。

读这个故事的时候，你是不是也想去郊外野餐？熟悉故事后，我们来聊一聊下面几个话题。

第一个话题：这个故事讲了几件事？

总的来说就是一件事——去野餐。但这件事中间有一些波折：第一，阿福忘了带自己的饭盒；第二，阿福把自己的饭盒掉到水里去了。第三，大家把自己的饭菜分给阿福吃。所以，也可以说阿福遇到了三件事。

如果我们从呱呱那条线往下找，会有另外几件事。大家可以找找看。

第二个话题：如果这个故事写的是阿福高高兴兴地带着妈妈做好的饭

菜去郊外，高高兴兴地吃完，高高兴兴地回来，那么和原本的故事相比，哪个更好看？

原本的故事应当更好一些，因为有波折，有起伏，不是平铺直叙地讲述一件事。在这些波折中，我们看到了哥哥对妹妹的爱护，看到了小伙伴们的互相帮助，感受到了浓浓的友情。如果只是干巴巴地去野餐、吃饭、回家，没有波折，也没有冲突的话，就表现不了那么多的情感了。

第三个话题：故事是不是越复杂越好呢？

有的时候，家长在给孩子选书的时候，会觉得有的故事太简单了，可能对孩子没有帮助，其实不然。孩子的阅读是一个循序渐进的过程，不能一开始就给他们看很复杂的作品，而应该在他们掌握了故事的基本结构，有了一定的阅读量以后再给他们看一些文字更多、表达的含义更深刻的作品。所以，选择亲子共读的图书，并不一定要选择很复杂的故事。即使是简单的故事，也要选择那些有童趣的，能够被孩子接受的。

第四个话题：你读过的故事中，哪些故事让你印象深刻？

讨论这个话题的时候，我们不一定只说一个故事，可以有很多。比如一个喜欢恐龙的孩子会对宫西达也的恐龙系列如数家珍，也会对《丹尼和恐龙》这样的作品感兴趣。

家长可以借着这个讨论的机会，让孩子将故事分类整理一下，比如，主人公相同的，都是狗或者都是猪的；故事主题相似的，探险的、友情的、生活的、亲情的；等等。

令孩子印象深刻的故事通常都是因为其中有什么地方和孩子的生活有联系，他们才会感兴趣。

这里要推荐的绘本是《女巫佩格》。这个故事讲的是，七个孩子的妈妈要出门，孩子们让她带礼物。妈妈临走的时候要求孩子们不要给陌生人开门，但他们没有记住，开门把女巫佩格放了进来。女巫把孩子们都变成了食物，带回了她的家。妈妈回来后，在好心人的帮助下找到了女巫的房子，求女巫放掉她的孩子，但女巫不同意。妈妈费尽周折进了屋，并猜出了被女巫变成食物的孩子们，不仅把他们都变了回来，最后还把女巫赶走，救出了孩子们。这个故事情节曲折，节奏很快，读者在读的时候一直很紧张，直到看到孩子们被救出来才能松口气。

孩子们可以试着写一个自己喜欢的故事，然后用"后来"把这个故事连起来。

下一节，我们要讲一讲综合训练。

## 30　综合训练

在前几节中，我们一起讨论了写作的基本要求，和在阅读中训练孩子思维能力的一些方法。这些方法如果大家经常使用的话，对孩子各项能力的提高会有一定的帮助。

我们先来阅读小狗阿福系列故事中的《可以吃的愿望》。熟悉了这个故事之后，我们用前面教过的办法讨论一下。

第一个话题：请找出故事里的时间、地点、人物和事件的起因、经过、结果。

第二个话题：用"后来"梳理一下故事的线索。

第三个话题：在这个故事里，呱呱是个什么样的孩子？为什么？

答案不重要，我们要记住分析和判断的原则——一定、一定要回到原文里去找依据！

第四个话题：读完这个故事以后，你想到了哪个故事？

我们的课程里讲述的内容当然不止这些，也不是每本书都要用到所有方法。根据不同的故事选择合适的方法就好。接下来，我回答一下大家的提问。

有家长问：开头和结尾怎么写？

这个话题我们在讲文章结构的时候提到过，再说得更详细些，下面还有一些孩子们容易掌握的方法。

比如，开头我们可以开门见山，直接写"我最喜欢做的一件事是……"；也可以用设问的方式写，"你知道我最喜欢做的一件事是什么吗？不是去游乐场玩，也不是去炸鸡店吃炸鸡，而是和爸爸一起去钓鱼"；还可以用描写的方式写，"秋天来了，我家门前的那棵柿子树上挂满了柿子。这些柿子像一个个红色的小灯笼，欢欢喜喜地在秋风里摇晃着。柿子熟了的时候，我最喜欢做的一件事就是摘柿子"。

开头还有很多种方式，大家可以一边阅读，一边慢慢琢磨。

关于结尾，低年龄段的孩子可以试着写总结性的结尾、开放性的结尾、出人意料的结尾等。比如，总结性的结尾是，"这就是我最喜欢做的一件事"；开放性的结尾是，"以后，我还会这样去做"；出人意料的结尾是，"我最喜欢做的一件事变成了我最讨厌的一件事"。

年龄大一点的孩子还可以学习画龙点睛、首尾呼应、升华主题等的结尾方式。古人有一句话："结句当如撞钟，清音有余。"结尾也值得大家好好学习，慢慢琢磨。

有家长问：孩子的作文写不了多少字，怎么办？

还记得我们推荐的绘本《疯狂星期二》吗？在那本绘本里，当青蛙满天飞，鸟儿们都停在树上和电线杆上的时候，那一页有三个单独的方框，里面有不同的情景。如果用文字表达，我们就可以用"有的……有的……有的……"来进行描述。原本只是"青蛙们在天上飞"这样一个句子，它就可以写成"有的青蛙端正地坐在荷叶上往前飞，有的青蛙在做特技飞行，有的青蛙突然冲向一只鸟儿，吓得鸟儿仓皇逃窜"。如果我们在写作的时候学会描写，尤其是细节描述，这不仅能增加字数，也能让表达变得更生动。

课程到这里就要告一段落了，相信大家应该都有不同的收获。希望家长和孩子们能够一起坚持阅读，坚持思考。做到这些，写好作文就不是一件难事。

图书在版编目（CIP）数据

亲子阅读三十讲/余雷著.—杭州：浙江少年儿童出版社，2023.1
（好妈妈共读有办法）
ISBN 978-7-5597-2536-3

Ⅰ.①亲… Ⅱ.①余… Ⅲ.①阅读辅导－亲子教育 Ⅳ.①G252.17②G781

中国版本图书馆 CIP 数据核字（2021）第 150910 号

| 责任编辑 | 朱振薇　胡小芳 |
| --- | --- |
| 美术编辑 | 赵　琳 |
| 插图绘制 | 何　瑞 |
| 封面设计 | WOTEMAILUN |
| 责任校对 | 马艾琳 |
| 责任印制 | 王　振 |

好妈妈共读有办法

## 亲子阅读三十讲
QINZI YUEDU SANSHI JIANG

余雷 著

浙江少年儿童出版社出版发行
（杭州市天目山路40号）
浙江超能印业有限公司印刷　全国各地新华书店经销
开本 850mm×1300mm　1/24　印张 4.67
字数 68200　印数 1—5000
2023年1月第1版　2023年1月第1次印刷

ISBN 978-7-5597-2536-3　　定价：22.00元

（如有印装质量问题，影响阅读，请与购买书店或承印厂联系调换）
承印厂联系电话：0573-84461338